媽媽的逆襲

殘酷而又燦爛的苦情主婦奮鬥記

Carry on, Warrior

Thoughts On Life Unarmed

格倫儂・道爾・梅爾頓 — 著
Glennon Doyle Melton

徐力為 — 譯

目次

獻詞

有一天晚上，母親提莎過來看望我。她顯得有點緊張，想和我單獨聊聊。於是我們一起來到我的臥室，斜靠在枕頭上，慢慢地、專注地談論起我的作品。她告訴我，她覺得我的文章很美，但當她讀這些文字的時候，卻感到非常難過。我那些不為人知的生活使她十分痛心。在她看來，愛是能夠拯救一切的，所以她不明白，那時她給了我那麼多的愛，為什麼我還會經歷那樣灰暗的時刻。後來我們又說起能把這些故事分享給朋友和陌生人是需要很大的勇氣。有時我們說著說著就禁不住落下淚來，但不一會兒又會露出含淚的笑容。

夜色朦朧，那天我們聊了很久，當我們站起身時，我忽然感到一陣失落，我真的想永遠和媽媽一起像之前那樣靠在床上。我靜靜地想著這些，又琢磨著她在想些什麼。她默默注視著我，嘴唇顫抖著。儘管她內心忐忑不安，但還是鼓勵我說：「我為你驕傲，親愛的，在上帝的幫助下，你完成了一件非常了不起的事情。你渴望講述自己的故事，現在心願達成了。以後繼續努力，不要放棄，我永遠愛你。」

記得當初我告訴她我懷孕的時候，她也是這樣。雖然她當時憂心忡忡，但還是凝視著我的眼睛，勸慰我說：「格倫儂，如果你不想嫁給他，就不必勉強自己。我們可以一起撫養這個孩子。我們能做到的，沒問題。」

還有當年我妹妹艾曼達說她要到兒童強姦案肆虐的非洲去挽救那些可憐的小女孩，媽媽聽了雖然非常擔心，但最後還是很支持她：「去吧，去做你認為需要做的事情。」

別人總說，我媽媽是一位天使。但在我眼中，她是一位戰士。

我想告訴她，這本書是獻給她的。而且我寫下的每一個字，都是為她而寫的。

前言

我們的心路歷程都是由一個個內容豐富、情節曲折的故事組成的。我的人生中有悲劇，有喜劇，有浪漫小說，有冒險經歷，還有關於救贖的故事。不同時期、不同條件下，我都曾經歷截然不同的事情。而在這些一連串的小故事中貫穿始終的就是以下幾位主要人物。

我丈夫克雷格，他總是樂於助人。朋友們搬家時，他往往不等他們開口求助，就會主動幫助。他性格活潑開朗，心情好的時候，無論是在廚房、浴室，還是在雜貨店，都會又唱又跳。當孩子們和我們家的狗提奧玩捉迷藏玩累了，他會繼續和提奧一起玩。同時他也是個冷靜而細心的人。孩子們生病發燒時，他夜裡每兩個小時都會起來給他們量一次體溫。他還會幫助我的朋友們哄孩子，讓哇哇大哭的嬰兒漸漸安靜下來。他和我一樣，現在過得很快樂，但也有一段破碎的過去。

我的第一個孩子蔡斯，他的出生掀開了我命運的新篇章，使我的人生產生了翻天覆地的變化。

我的女兒蒂什和艾瑪，她們總會做出一些令我瞠目結舌、不知所措的事情。這也難怪，像我這樣一個自己都還沒有長大的女孩怎麼知道如何去教育這兩個小姑娘呢？

我妹妹艾曼達，比我小三歲，她可是我的心肝寶貝，我生命中至關重要的組成部份。我時常納悶，在她出生前的那三年我是怎麼過的。我的妹夫叫約翰，我十分信任他，把他當作我的保險箱。我把自己最珍貴的財產都交給他保管。

我父親布巴，他和我一樣，喜歡把自己的愛與智慧轉化為文字。

我母親提莎，則像克雷格那樣，把自己的愛與智慧轉化成了行動。

最後，我還要把上帝加在這本書的主要人物行列中。儘管我無法理解他的行為方式，也完全琢磨不透他。但就因為他把這些可愛的傢伙安排進了我的人生故事中，所以我對他充滿感激之情。

自序
生活是殘酷而又燦爛的雙面體

幾年前，我在教堂遇到了一些對我來說很不可思議的事情。有一天，我和剛剛碰到的一個女人閒聊起來。她開了個不像是玩笑的玩笑，說我的家庭生活「和諧美滿」，並且說這種「和諧美滿」更加凸顯出她的家庭是多麼糟糕，想到這裡，她覺得很不舒服。類似這樣的情況在兩個星期內就出現過三、四次。記得還有一個女人曾對我說：「你看起來精神抖擻！和你比起來，我覺得自己一塌糊塗。」

她說這話時，我丈夫克雷格正站在我身邊。我一臉困惑地望著他，他也滿臉不解地看著我。我們倆的目光經常這樣心有靈犀地碰撞在一起。我不知對那個女人說什麼才好，就支吾了幾句話。和她告別後，在回家的路上，我和克雷格一直在討論這件事。

我們倆對於「精神抖擻」這個說法都是一頭霧水。我和克雷格互相愛慕，但不會說對方「精神抖擻」。這些女人用「精神抖擻」這個詞來形容我，在我聽來，簡直就像在對我說：「我真羨慕你高挑的身材和高超的廚藝。」要知道，我還不到一百五十八公分。完全不會做飯，最多只會打電話叫外送，等人把做好的飯菜給我送過來。我和克雷格經過一番討論，得出這樣的結論：倘若你很苗條，而且總是面帶微笑，別人就會覺得上帝特別厚愛你，從不讓半點不幸降臨到你頭上。如果你碰巧還穿了條時髦的牛仔褲，那就更幸運了。

這一結論使我非常苦惱，我不願讓別的女人認為我擁有她們不具備的優越。我希望自己的外表能如實地反映出自己的內心世界，但我又實在不想像「乒乓」（卡通「史奴比」裡頭造型邋遢的角色）或者寇特妮·洛芙（Courtney Love）那樣。如今我剛剛從暴食症中恢復過來，好不容易才戒酒。在過去的二十年中，我一直暴飲暴食、酗酒、吸毒、沉溺於混亂的感情關係中。在痛苦中掙扎，這些也給我的家人帶來不少麻煩。

那時我經常這樣問自己：「格倫儂，為什麼你總是這麼頹廢？你有什麼理由這樣？」後來我想，也許是由於我與生俱來就和別人不一樣，長大以後才更加痛苦和迷惘。大概天生性格中多了一絲敏感，所以也更容易受到傷害。從小到大，我一直缺乏安全感，不願意面對生活中任何一件帶有一點點冒險意味的事情，哪怕只是友情、溫柔的愛，我也始終不會拒絕任何人、任何事。由於我總覺得自己笨拙、一無是處而又脆弱不堪，覺得自己根本不能適應社會，就更加無法積極勇敢地走出自己的人生之路。我一心想要保護自己，卻又不知道怎麼做才能讓自己不會受到一絲傷害，就用食物、酒精、毒品和亂七八糟的感情關係把自己一層層包裹起來，躲避在這個頹靡的小世界裡。沒有人能夠觸碰到真實的我，只有這樣，我才覺得安全。

可有一天，一切都變了。那天是二〇〇二年的母親節，我這個未婚酒鬼，居然發現自己懷孕了。當時我站在浴室的鏡子前，手抓著驗孕棒顫抖不已。我緊緊盯著驗孕棒，又死死瞪著鏡子裡自己充滿血絲的雙眼，極力想搞清楚自己的處境——我，一個單身的酒鬼，懷孕了。

我不知所措，只有不停祈禱。我悲歎、呻吟，一面譴責自己，一面由衷懺悔，痛哭流涕地向上帝許下難以履行的諾言。當我漸漸平息下來，終於從浴室的地板上爬起來時，我決定做一位母親。接著，我走出浴室，發誓從今以後，絕不再沾一滴酒、吸一口菸、碰一下毒品，並且中斷一切不健康的感情關係，也不再暴飲暴食。要做到這一切，是相當困難的，但我已經下定了決心。在我做出這一連串決定的十天後，我嫁給了克雷格。與克雷格結婚是我這一生中最無怨無悔的事情。

在那段歲月裡，我發現自己其實是一個很堅強的人。這是我第一次清醒地認識自己。我還領悟到，做為一位妻子、一位母親，過正常的生活，都是相當不容易的。我常想，別的女人是不是也和我抱有一樣的想法呢？

後來有一天，我和一位在教堂認識的新朋友在遊戲場聊天。她叫泰絲，婚姻生活好像出現了問題。但在我們聊天的過程中，並沒有談起這件事，因為我們在忙著聊一些「更重要的」話題，比如足球訓練和挑染頭髮之類的。我們說來說去，最終卻只停留在非常膚淺的層面上，始終沒能深入下去，這使我感到非常遺憾。但我們誰也無法主動開口向對方傾訴那些對自己來說最重要的事情。

失望之餘，我開始回首自己一直以來走過的路。過去，我曾花了那麼多的時間和心思想方設法保護自己，把自己脆弱敏感的心一層層包裹起來，生怕這個支離破碎的世界會傷害到它。我千方百計地和別人保持距離，躲藏在自己的角落裡，總在擔心別人會傷害我，卻從沒有想過，我這樣做其實是在傷害別人。我不讓任何人靠近我，認為他們一旦看到了真實的我，就會厭惡我。由於我害怕別人看到我，所以十幾年來一直躲避在毒品、酒精的黑暗洞穴中。當我終於從黑洞中爬出，重見天日時，仍把自己的祕密和羞恥掩藏在盔甲之下，認為沒有人能夠看到我的過去，我就不會受到任何傷害。以前我一直覺得生活對我來說，只是意味著繼續活下去。但那天在遊樂場，我忽然意識到，對於現在的我而言，僅僅活下去是不夠的。雖然當時我和泰絲一同坐在那裡，但其實我的心並沒有真正和泰絲在一起。我們兩個都包裹了太多盔甲，誰也觸碰不到對方真實的內心世界。即使我們有意靠近彼此，也無法互相袒露心事，最終只能報喜不報憂地聊聊自己所謂的「美好生活」而已。

想到這裡，我忽然覺得這一切都無比荒謬。儘管現在我已經洗心革面，也不再逃避現實，可倘若我拒絕向別人袒露自己的過去，把祕密和恥辱深埋心底，怯懦地用盾牌保護自己，我依舊是在孤立自己。長久以來，我一直感到孤獨，並且已經厭倦了這種孤獨的處境，再也無法忍受心靈上的與世隔絕，我必須要改變現狀。也許在生活的戰場上，我們不應該一心只想著保護自己，在與人相處的過程中，我們只有卸下盔甲、放下武器，彼此之間才能坦誠相見。如果我們能夠解除防護著心靈的層層壁壘，真誠坦率地走向生活的戰場，我們的生活就會更加真實、美好、更加有意義。「如果我放下武器，泰絲也會這麼做嗎？」我思忖著，決定試一試。

我卸下盔甲，揮起白旗，突然開口對泰絲說道：「聽我說，我想告訴你，我以前酗酒、吸毒，還有暴食症。這些不良嗜好曾經害得我進過警察局，後來我好不容易才統統戒掉。我和克雷格意外懷孕之後就結婚了。之前我們談了一年戀愛，雖然我們十分相愛，但我還是非常擔心我們之間性的問題和我愛發脾氣的毛病會使我們的婚姻陷入危機。有時候我見不得別人好。我總是怒火中燒，經常對客服人員亂發脾氣，還動不動就對孩子們和丈夫大發雷霆。現在我深受產後抑鬱症所苦，一天到晚總想擺脫孩子們，自己清靜一下。連孩子們都發現了這一點。有一天早上，蔡斯竟遞給我一張字條，上面寫著：希望媽媽今天過得好一點。我陷入掙扎，如果這種糟糕的感覺永遠揮之不去，在心頭縈繞不散，那我該怎麼辦？也許我根本就不該當媽媽。無論如何，我想和你說實話。」

說完之後，泰絲盯著我看了半天。我懷疑她要打電話給牧師或叫警察。但我看到兩行淚水自她的面頰滑落。我們坐在那裡，她把一切都告訴我。她和丈夫之間的情形非常糟糕，她覺得既孤單又害怕。那天我們在遊樂場促膝談心，泰絲不再封閉自己，她讓我瞭解她在生活中不盡如人意的一面，渴望我能幫助她、關心她。

儘管我們相識不久，還不夠認識彼此，但我們理解我們需要一同面對眼前的困境。接下來幾個月，我們彼此陪伴渡過生活中的坎坷。泰絲接受了心理治療，和丈夫分居；憤怒、恐懼和無盡的淚水，但最後愛的力量護衛了她和家人，使大家的心重新凝聚在一起。情況有了好轉，泰絲和丈夫以及可愛的孩子們一起努力，獲得療癒並且茁壯。我目睹了這一切，並且認知到「真誠」能拯救家庭。

在那段日子裡，我渴望走出家門，投入一些有意義、有助於別人的事情，但沒有地方願意接納我。我和克雷格想收養孩子，卻一再遭到拒絕。後來我又想在本地的養老院做志工，那裡的負責人對我很滿意，可是在調查我的背景後，就再也沒有下文，或許他們覺得我有什麼不可告人的動機，例如想把所有老人都灌醉之類的。之後我又到本地的家庭暴力倖存者收容所去申請志願者工作。他們原本似乎同意錄用我，但在最後一次面試時，面試的小姐對我說：「按照一般流程，我需要問你一下，你是否被逮捕過？」我能說什麼呢？跟她解釋我只被逮捕過五次？同樣的，我沒在接到任何答覆。

我很洩氣。

但就是那時，我遇到了泰絲。在陪伴她渡過難關以後，我忽然想到，也許這就是我該做的。公開袒露自己心底的真實面貌，大家互相鼓勵，共渡難關，這就是我可以從事的公益服務。而對於這項公益事業來說，我的犯罪記錄反倒成了優勢。這恰好可以給予我「街頭信譽」，使我更受歡迎。也許上帝賜予我的天賦就是具有講故事的能力和「不怕丟人」的勇氣。在某些情況下，我的確不嫌「丟人」，我完全不在乎面子，只是有時我會為自己太過「不怕丟人」而不好意思，但我想這一點都不重要。

我認定這就是上帝賦予我的使命。他讓我摘下面具、毫無遮掩、不加矯飾地向大眾袒露心跡。我的任務就是要做自己、袒露自我，別人聽了我的心裡話便會得到安慰。下定決心後，我穿上時髦的牛仔褲，準備踏上新的旅程。

我先向克雷格宣佈了這項決定，告訴他我要做一名「志工」，拋開一切顧慮，向大家「坦白講」。幾天後，我的牧師打電話來。當時我的第一反應是泰絲把我出賣了，但緊接著他說：「我知道你有產後抑鬱症，這很痛苦，我有個提議，希望你能把自己的故事講給教友聽，站在講台上講給教堂裡所有的人聽。」克雷格聽了直冒冷汗，開始擔心自己會不會因為有這樣一個前科累累的罪犯老婆而被解雇，而我卻自顧自地開始準備上台的行頭。

我把自己的經歷毫無保留地寫下來，然後在教堂讀給大家聽，人們聽完之後十分震驚，迴響熱烈，我的故事引起了強烈共鳴，有更多人想要和我一起哭，渴望向我傾訴他們的心裡話。我心裡暗想：看吧！我辦到了！養老院的負責人們吶！我才不要在你們那邊端那可笑的檸檬水，端檸檬水能換來這麼多熱烈掌聲、喝彩和喜悅的淚水嗎？當然不能。

我發現「坦誠」這一點至關重要。我決定應該要鼓勵對方，使很多女性對自己和對上帝懷抱希望，而不是把話題的焦點集中在我自己身上、好讓別人來羨慕我。這樣做效果更好，也更容易。

我開始動筆「坦白講」，這樣就可以毫無保留地把話講給更多人聽。我爸爸布巴在讀了我寫的幾篇文章後，打電話給我：「格倫儂，你不覺得有些話應該保留嗎？」我認真思索，然後回答：「不，我覺得不是，也許你覺得有點不可理喻，但我不想再把任何事情埋在心底。我希望自己在死掉前心中沒有任何祕密，我不想把任何不必要的事情帶進墳墓。我想輕裝上路。」

戒掉所有不良嗜好以後，我彷彿清醒過來，步入全新的真實生活。雖然我已經二十六歲了，但我從八歲開始就一直躲藏在自己的角落裡，如今只能以孩童的目光觀望這個世界。當我發現這個世界既殘酷又燦爛時，我內心充滿了驚奇與恐懼。我仔細洞察人性，並審視人性深處那些破碎的創傷，最終決定和這個世界達成和解，並原諒自己。在人生道路上，我們每個人都必須背負著傷痛前行，所以我們只有不停地原諒別人、原諒自己，才能平靜安適地活下去。因此我不必為自己的過去而感到羞恥，因為現在我已經盡力而為，想方設法做好自己力所能及的一切，我做得很好了。

原諒自己並且懷抱希望，我重新建立新的自我之後，也能夠全心全意地相信別人，於是我結婚了。婚後，我逐漸認識到，婚姻是神聖的，可是維持一段婚姻又是十分不易。不過我發現自己能夠克服很多困難，也有能力成為對方的終生伴侶。這一切給予了我充足的信心，使我有勇氣繼續豐富自己的生活。我生養了蔡斯、蒂什和艾瑪，在社區積極活動。最後，我終於試著去靠近上帝，渴望去探索那個把我們凝聚在一起的終極力量。

這時我才領悟到，自我、伴侶、孩子們、社區和信仰，都是我生命中重要的組成部份，我應該用他們一層層地環繞著我，而位於中心的我是赤裸裸的、誠實的、清醒的、帶著創傷的、不完美但完全真實的，是一件持續鍛造中的藝術品。

我越是向身邊的人敞開心扉，就越是深刻地認識到，我們的生活，一半是殘酷的，一半是燦爛的。生活是殘酷與燦爛的雙面體，就像夜幕上的星星。如果我們一起面對生活中的殘酷，就不那麼感到孤獨與恐懼。生活的本來面目是無法用食物、酒精、運動、工作、修剪草坪、購物來掩飾的。掩蓋真相、逃避現實只會加深痛苦，並且在孤寂中忍受痛苦。活著很難，但並不是因為我們會犯錯，而是因為活著本來就很難。我們可以說出來、寫出來、畫出來、哭出來。這會讓你好一點。

這本書是我的故事，但願它能夠引起你的共鳴。這是一本關於我如何建立一層層的善的循環、構築新的生活，以及讓我繼續奮鬥下去的理由。

第一章

有些路你不走下去，就不知道它有多美

妹妹

我之所以決定戒掉不良嗜好，與其說是為了準備勇敢邁向新生活，倒不如說是我已經被那些壞毛病折磨得筋疲力盡，我爸爸布巴和我媽媽提莎目睹我一次次地沉淪，始終沉溺在腐爛的生活中，便一直思忖該怎樣幫我。後來，當發現自己懷了蔡斯時，我驟然意識到，自己已經別無選擇，必須清醒過來。

那不是誰曾見到了光明，
而是冷酷、破碎的哈利路亞。
（*李歐納·柯恩的作品《哈利路亞》）

我打電話給我妹：「來吧！換你出馬了。」我妹是個行動派，做出決定後馬上開始執行。所以幾個小時後，她來到我身邊，激勵了我一番，然後我們就直接去參加匿名戒酒聚會（ＡＡ）了。

妹妹拉著我滿是汗水、不停顫抖的手，走在我前面。一如以往，她替我抵擋迎面而來的陌生人，幫我逐一打發一切讓我為難的問題。之後她從桌子上拿起一本匿名戒酒協會的小冊子，帶著我和大家圍坐在一起。翻開小冊子，開頭便是一連串的警語：

你在一場宴會上要喝四杯以上的酒嗎？

——是的，只有一次我沒喝那麼多。

你早上喝酒嗎？

——只有週末早上才會喝。

你曾喝得爛醉？

——不記得了。

酗酒是否對你的生活產生了負面影響？

——負面影響之一就是我必須到這個地方來。

聚會期間，我們倆不吭一聲坐在那裡，始終沒有發言。後來妹妹俯過身來湊到我耳邊悄聲說：「不知道這兩個A到底有沒有效果，說不定我們需要三個A才行。」

聚會結束後，我們回到家，一起坐在我床上，盯著臥室裡一片狼藉的地板。在我酗酒的那段時期，我活得像一頭豬。細跟高跟鞋、彈力胸衣、酒瓶、菸灰缸、舊雜誌，亂七八糟，毫無價值。沒有哪一樣東西是重要的，不管是衣服、機遇，還是人。我環視著地板，覺得彷彿我把自己支離破碎的靈魂都吐在了地板上。

經過幾分鐘沉默，妹妹爬下床開始把地上的東西一樣一樣地撿起來。扔掉酒瓶和煙頭，疊好胸衣，收起雜誌。我看了她一會，也動手跟著收拾。我們把每件衣服都掛起來，把積塵已久的角落擦拭乾淨，把沒有開封的酒都找出來倒掉，一起默默地收拾房間。不知不覺中，兩個小時過去了。大功告成後，我們又重新坐回到床上，握著彼此的手，凝視著煥然一新的房間，看起來像個女生願意住的地方了。我想像著將來有一天自己的頭腦和心靈也可以改頭換面。

這是第一步，新生活開始了。

每一個人的靈魂深處都有一個洞穴

生活，是一連串追尋那些註定無法追尋得到的事物。這是個大問題，生活本身，根本就是個陷阱。我們總在尋找一種人世間根本不存在的東西，正如我的朋友亞德莉安娜所說，這根本就是狗屎。

作家安・拉莫特把我們這種無法遏制的需求稱為「上帝般大小的洞穴」。有信仰的人們認為上帝把我們安排在塵世間，卻讓我們去渴望天堂裡才能得到的東西——上帝祂本人。我大致理解這個意思，但還是覺得莫名其妙。如果我把我女兒艾瑪放在遊戲圍欄裡，然後把奶嘴放在她眼前晃來晃去，故意不讓她搆著，她心裡會是什麼滋味？如果我們註定滿足不了自己的渴望，那生活還有什麼意義？如果在臨終前，心中那個上帝般大小的洞穴依舊無法填滿呢？心裡一直有巨大的缺失，活著會舒坦嗎？

因為我是個很遲鈍的人，所以這二十多年來，我一直用有害的東西填補心中的那個大窟窿。

在我很小的時候，我便開始用食物填補那個空洞。那時食物是我的避難所，它能撫慰我的心靈，帶來快樂，食物就是我的上帝。但後來我又意識到，那個洞穴也需要用美麗來填補。那時我以為苗條的身材與漂亮的打扮就意味著美麗，其實這和真正意義上的美麗沒有多大關係，但我那時還太小，不懂這些。

由於我不覺得自己漂亮，所以就想躲藏起來。但當你還是個孩子時，根本無處可躲。去人們叫你去的地方，穿你該穿的衣服，你就是你。每一天我都必須以又矮又胖的面貌面對所有人，但在一個孩子心中，「保持本色」是一件可笑的事情。因此我決定，既然不能躲起來，我必須減肥。

但是魚與熊掌不可兼得，怎麼才能滿足口腹之欲，又能擁有好身材呢？

我八歲時看了一部關於暴食症的電視影片，從中找到了答案。這本來是一部具有警示意義的電影，卻被我完全誤解了。我由此找到了一種可以填補空洞的新方式，既可以從食物中獲得慰藉，又不會發胖。看完影片後，我狼吞虎嚥大吃一頓，然後又全部嘔吐出來。食物之所以能夠帶給我安慰，是因為我在吃的過程中，心中所有的不安與空虛跟著消失不見。可當我嘔吐過後，精疲力竭地躺在浴室地板上，內心的空洞卻更大了。當時我意識到，以錯誤的方式填補空洞，耗費了那麼多精力之後，卻感到更加空虛與不安。

暴食然後嘔吐，這很痛苦，但至少比生活輕鬆，在我自己構築的小小戲劇食物王國裡，我感到比較安全。所以我放棄了現實生活，沉溺在暴食當中。將近二十年來，每天反覆地大吃和嘔吐好幾回，先把洞穴填滿，而後又把洞穴清空，時間就這樣在沉淪中流逝了，直到二十六歲。但是生活還是要過。

中學時的某天晚上，我在一個名叫蘇西的朋友家裡過夜。我們偷偷溜出去參加了一個中學生開的派對。那天是我有生以來第一次喝了酒。由於喝得太多，結果醉得不省人事。醒來時，對於派對上發生過的一切，我完全沒有印象。不過後來有人告訴我，有幾個高中生在我喝醉酒後想用微波爐烤我的手。派對結束後，我睡在蘇西家，吐了一整夜。第二天，我給媽媽打電話，告訴她我感冒了，讓她過來接我，她聽到後很關切。自此以後，我迷戀上酒精，又找到了一種逃避現實的方法。我很快地就淪為一個酒鬼，一方面是我的天性使然，另一方面是由於人類的天性：對並不真正需要的東西，貪得無厭。

高中時，我在一家精神病院接受過一段時間的治療。我患上暴食症已經九年了，治療對我來說也沒有什麼效果。這也難怪，因為每次會談時，我總說自己的狀況好多了，還總說些關於天氣有多好之類的廢話。後來，有一天，我午飯吃得太多，懷疑自己快要死了。對我而言，徹底的滿足就意味著死亡。可我一時間又找不到嘔吐的地方。於是我躊躇了一會兒，最終只得站在學校的走廊裡，告訴自己，我病了，病得很厲害。之後我走進指導老師的辦公室，對他說：「打電話給我爸媽，我要去醫院，我已經崩潰了，我需要幫助。」

我是學生會幹部，也是一名優秀的運動員，而且外貌出眾、聰明、看起來自信十足，別人認為我是風雲人物。我曾被提名返校節王后，還為四千名同學主持過賽前動員會。有時候，真正需要別人幫助的人反而看起來像是完全不需要任何幫助。

那位高中指導老師打電話給我爸媽，他們立刻就趕過來了。他們找了一個可以幫我的地方。我一直在想，那天他們心裡到底是怎麼想的。也許他們很想說：「沒事的，你沒病！不用去醫院！我們是你的父母啊！一切都沒問題！」但他們沒有這樣說。當我鼓起勇氣承認自己有麻煩時，他們相信了我。雖然他們感到驚駭、痛苦、困窘，但他們給了我真正的需要。

那時沒什麼治療飲食失調的診所，所以我去了一家真正的精神病院。我們這組人中只有兩個人患有飲食方面的心理疾病，其他人分別是精神分裂症患者、抑鬱症患者、藥物成癮和擁有自殺傾向的人。許多病人都有暴力傾向，可我從沒有害怕過他們任何人。

我們接受了藝術療法、舞蹈療法和團體治療，我覺得這些都很重要。我很留意其他患者說的話，在現實生活中，我的同齡朋友不會這樣說話。在這裡，怎樣聆聽、怎樣回應，都要遵循一定的規則。我們還會接受一些特殊訓練，學習怎樣同理，和對方產生共鳴，然後鼓起勇氣表達自己的意見。比起高中學校裡學習的那些課程，這些課程我更喜歡，教導人們應該如何關心自己、應該如何互相關愛，這些都是至關重要的。

出院的那天清晨，我顫抖不已。因為我覺得自己在心理上還沒有準備好去面對現實生活。但我必須走出去，因為我永遠也不可能準備好。在醫院裡，我過得簡單、輕鬆，心裡也感到踏實、安全，而且我覺得自己的生活很有意義。但在外面那個世界裡，我卻總感到惴惴不安，而且覺得每個人心裡都只有自己。

但我最終還是離開了醫院，我們都必須面對這一天。

高中畢業後，上了大學。然後我又開始用大麻填補內心空洞。這也是我一段不愉快的經歷。記得當時我和朋友們窩在一起吸大麻，說說笑笑，吃吃東西，有人在休息，而我卻莫名其妙地恐慌起來。我緊張地環視房間，每隔四十秒鐘就去窺探門外動靜，總覺得員警或者我父母會找上門來。大家看到我神經兮兮的樣子就笑我：「你有事嗎？」我開始大哭，大家都在嘲笑我，而我卻不明白為什麼嘲笑我。

我暴飲暴食、酗酒、吸毒，本來是為了清空大腦，什麼也不想，但吸大麻卻使我想得更多，甚至憂心忡忡，我緊張得快要發瘋了。另外，對於像我這樣一個高度注重自我形象而且總是疑神疑鬼的人來說，在別人面前喝醉是一件很要命的事。我想討人喜歡，讓別人高興，非常在意自己在別人眼中的形象，總在琢磨別人怎麼看我。一旦喝醉，我就無法自持了。也許喝醉的意義就在於我們能夠在失去意識之後，卸下偽裝，盡情享受，但我卻完全無法忍受這一點，總在思忖著我應該怎麼做、我又做了什麼，還交代朋友們密切注意我的行為表現，在我喝醉時及時提醒我。

如果我說話太大聲，就給我打暗號，拉拉你的耳垂我就會明白。每隔十分鐘檢查一下我有沒有尿褲子。我應該和那個人打招呼嗎？在這種情況下，我怎麼做才對呢？應該站起來嗎？要和她握手嗎？或者和她擁抱一下？還是坐著不動？我喜歡那個人嗎？她喜歡我嗎？這些椒鹽餅乾弄得我渴得要命！

大麻並沒能填補我內心的空洞，反而擴大了空洞。我感到更加忐忑不安，成天心神不寧，最後只好進一步升級改用迷幻藥，進入了迷幻蘑菇的世界。

如果說大麻使我胡思亂想、妄加揣測，那麼迷幻蘑菇徹底使我精神錯亂了。有一天晚上，我獨自在家吸食迷幻蘑菇，完全墜入幻覺之中，整個晚上都在和卡門．伊萊克特拉聊天。她從我男朋友房間牆壁上的海報中跳出來，坐到我身邊。我們倆都穿著緊身短褲，坐在一塊聊我們共同關心的話題。我們談起自己的人生抉擇，自信地交換時尚品味，聊得十分投機。卡門真是一位不錯的女孩。雖然那天晚上我和她渡過了一段非常愉快的時光，而且很喜歡她，但到了第二天，我依然清醒地意識到，她不是上帝。

有一天，古柯鹼如同邪惡的白馬王子闖入了我虛無的人生。它使我跌入了真正的奇幻仙境，幾乎填滿了我內心的空洞，我發現原來它才是我期待已久的東西。吸食之後的幾個小時裡，我心中的不安便會煙消雲散。它令我飄飄欲仙、目眩神迷，就像墮入了一個祕密的核心。和我一同吸食的大約有十來個人，我們想要的時候，總能弄到古柯鹼，每次到手後，就在別人開派對時，躲在其他人看不見的地方，整晚吸食。別人都在外面熱鬧地吃喝玩樂，而我們卻在暗處把弄來的古柯鹼吸得一乾二淨。吸完之後，我和一個朋友就溜進他的房間，把醫生開給他的治療注意力缺乏症的藥丸碾碎，然後吸食。似乎這東西只能讓我們意識到自己暈得多厲害，有多傻，除此以外，我真不知道吸它還有什麼用。

我願意不惜一切漂浮在幻覺中，因為一旦清醒過來，我就會想起心中的那個洞穴，它變得越來越大了。無論我想盡一切辦法填補它，用酒精、毒品、情欲關係，我還是必須面對每天都照常升起的太陽。這是我最難以忍受的時刻，我痛恨這該死的太陽，每天清晨太陽就像上帝一樣造訪大地，光明遍照萬物，而我卻畏懼光明，於是只好把所有的窗簾都拉上，天亮也不起床。我靜靜地躺在床上，毒品使我的心臟撲通撲通狂跳不止，酒精令我頭暈目眩，覺得整張床不停翻轉。我盯著天花板出神，想起我父母已經早早起床上班了，他們辛辛苦苦地掙錢為我的曠課繳交學費。而後我又想起自己與好朋友之間破裂的友情，接著我又想起我妹妹。現在我簡直無法面對她，因為對於她提出的一個最簡單的問題：你最近還好嗎？我都無言以對。之後我又琢磨著自己既沒有錢，也沒有關於未來的計畫，只有逐漸衰弱的身體，不斷退化的大腦和日益墮落的靈魂。我越想越痛苦，每當太陽越過地平線的時候，每當世界上其他人都開始了他們白天的生活時，而我卻沒有白天，只有夜晚，這些凌亂的思緒便會連續折磨我幾個小時。每天清晨在我大學男友的床上看著太陽升起，那些日子是我人生中最晦暗的一段時光。

有一天日出時，我獨自坐在沙發上，環視著眼前這個污穢、黑暗的房間。我和男朋友住在這裡，是因為我所有的朋友都已經畢業，並且找到工作，也有了屬於自己的生活。他們懷著積極的心態過好每一天，生活中充滿了陽光，只有我還滯留在黑暗的地窖裡。那天清晨，我認真考慮是否應該結束自己的生命。有關自殺的想法就像一盞不停閃爍的霓虹信號燈在提醒我：我用錯方法去填補內心的空洞。

我總喜歡把上帝之愛比作日出。無論你前一天晚上多麼沮喪，第二天清晨太陽都會照常升起。而且它對誰都是一樣，總是不偏不倚地把光線投射在每一個人身上，無論是罪人、吸毒者，還是聖人、啦啦隊長；不管是已經得到救贖的，還是異教徒。即使你躲藏起來，故意對它避而不見，它也毫不介意，更不會因此而懲罰你。哪怕你在黑暗中蟄伏幾年甚至幾十年，當你最終走出來時，陽光依然會照耀在你臉上。它一直是那麼明媚，永遠那麼燦爛，始終在等待著你走出黑暗，去感受它的溫暖。在我心情抑鬱的那些年裡，我一直以為上帝、太陽和陽光都是不公正的，但我錯了，其實每天太陽升起的時候，就是上帝正在邀請我回到正常的生活中。

但我還沒有準備好，於是在接下來將近十年的時間裡，上帝和太陽仍然繼續等待著我，而我卻依舊暴飲暴食、酗酒、吸毒。我終於大學畢業了，在感激母校的同時，我又覺得學校居然給我這種人頒發畢業證書，真不可思議。後來，我成了一名教師，每天在對學生們的愛中渡過八個小時充實的時光，並且還被表揚！儘管一堆不良嗜好纏身，私生活亂作一團，但卻能讓自己在工作方面絲毫不受影響，依然保持良好的考績。在此我還要重複一遍之前已經說過的話：有時候，真正需要別人幫助的人反而看起來像是完全不需要任何幫助。但在課餘時間，我依然過著墮落的生活，為了滿足自己瘋狂的消費欲而刷爆信用卡，又把性與愛混為一談，結果懷了孕。做手術那天，我慌慌張張地在診所熬過了一天，之後又一個人孤獨地回到住處。面對空蕩蕩的房間，我感到自己內心的空洞不斷擴大，愈來愈大，而後整個人跌了進去，徹底被它吞噬了。這時我邂逅了克雷格，他和我一樣，經常酗酒又吸毒。相處了幾個月後，我開始懷疑我們在一起毫無益處，也許是在互相扯後腿。

我們戀愛了幾個月後的一天早晨，記得那天是二〇〇二年的母親節，當時我二十五歲，一覺醒來，覺得身體不對勁，非常難受。於是我又像上一次懷孕時那樣狼狽不堪地跑到藥店，買了驗孕棒，膽戰心驚地回家，對準驗孕棒的吸尿孔小便。接著，我低下頭死死盯著自己戰慄的手中緊緊攥著的驗孕棒，看了整整三分鐘，大腦中一片空白。我僵在那兒，什麼也不能想。驗孕結果是陽性。陽性，我懷孕了。我這樣一個無可救藥的暴食症患者、酒鬼、吸毒者，居然要做母親了。我不記得自己當時祈禱了些什麼，只記得自己跪在地板上語無倫次地向上帝求助：「救救我吧！上帝啊！請你救救我吧！」

看吧！當那個洞穴越來越大，大到可以容得下上帝時，他就會走進那個洞穴中。

當你千瘡百孔，整個人都變成一個巨大的空洞時，上帝就會走進來。

那天下午，我下定決心戒菸、戒毒、戒酒，也不再暴飲暴食。

我終於清醒了。我嫁給了克雷格，生下了一個孩子，而後又一個，接著再一個。我當了幼稚園老師，之後又成為了一名作家。我變成了一個好姐姐、好女兒、好朋友。我不再狼吞虎嚥吃東西，也不再故意嘔吐，那樣做已嚴重損傷了我的琺瑯質，又浪費了我太多的時間，我開始維持著自然的體重，煥發出一種清新的美。如今我也變成了一個有信仰的人，儘管我有時會對此躊躇、質疑、感到困惑，但我相信上帝的存在。

我心中依然有一個上帝般大小的洞穴。

雖然現在我不再用有害的東西去填補它，但我採取的手段仍舊是無益的。我成了一個購物狂，布巴稱之為「暴食症發作的購物」。有時我感到焦慮不安、心緒不寧，但我並沒有認真思考自己究竟為什麼會有這樣的感覺，也不去琢磨它對我而言意味著什麼。我沒有利用這種體驗促使自己成長，而是直奔購物中心，享受瘋狂購物帶來的一陣亢奮。但興奮過後，一陣罪惡感便襲上心頭。這時我就又回到購物中心，像先前把狼吞虎嚥下的食物嘔吐出來那樣，把買來的東西全都退了回去。這樣一天天下來，我只感到筋疲力盡，並且由於自己徒勞無益地白白耗費了那麼多精力卻一無所獲而感到無比的空虛和失落。

另外，我還不停地搬家。在我感到空虛與不安時，我並沒有認識到，生活有時就是不盡如人意，無論身處何方，我們都無法擺脫這種不踏實、不舒服的感覺。我以為搬到一棟新房子、挪到一個陌生的城鎮，縈繞心頭的不安全感便會煙消雲散，可是我錯了。不管我們搬到哪裡，令人難以忍受的空虛感依舊如影隨形。

購物和搬家都無法填補內心的空洞，但我發現了幾種有益的方式是可以做到這一點的：寫作、讀書、散步、澆花、每一分鐘就原諒自己一次、練習簡單的瑜伽動作、深呼吸、撫摸我養的狗狗們。雖然這些事情也不能把那個洞穴徹底填滿，但藉由這一切，我領悟到，沒有必要千方百計地去填補它，而是更清醒地認識到生活中總有不盡如人意的地方。如果我帶著創傷但仍對上帝懷著一顆感恩之心勇敢地生活下去，那麼也許自己和他人一樣都會因此而受益，過得更幸福。一些虔誠的人堅稱，當他們找到上帝、耶穌或者進行冥想、經歷某種宗教體驗的時候，心中那個上帝般大小的洞穴便被填滿了。我相信他們的話，但我從自己的經歷中體驗到的卻和他們不一樣。我認為即使上帝與我們同在，生活依舊艱辛，難就難在，我們內心深處註定空虛，而這本來就不容易。

我們必須與空虛共處。

其實這個永遠無法填滿的上帝般大小的空虛也會帶給我們光明與希望，它可以使我們擁有許多朋友。倘若我向別人炫耀自己的力量，對方是不會願意和我做朋友的。所以我不僅不介意在別人面前暴露自己的弱點，還會向別人傾訴內心的空虛、聊聊我的生活。告訴他們，我們都像大雁一樣，追尋自己註定無法找到的東西。

空虛，讓我們交到朋友，而朋友，則是填補空洞最好的方式。我們越是靠近他人的心靈，就越接近上帝。所以當我們彼此透過這些來尋找上帝時，我們便有了聖潔的心。

幸福就是做自己喜歡做的事

最近一位朋友告訴我，她很想寫作卻一直沒有動筆，因為她並不擅長寫文章。關於這件事，我有一些自己的想法。

我戒酒之後，非常害怕參加婚禮，甚至一接到請柬，就想哭出來。在不得不參加的婚禮上，我總是端端正正地坐在椅子上，對正在跳舞的人們露出違心的笑容，在心中默默祈禱千萬別有人邀請我和他跳一支舞。我往往會假裝忙著嚼口香糖或者塗唇膏，故意去很多次洗手間。由於我不再喝酒，所以在大腦清醒的情況下，我必須不惜一切地避開舞池這個在我看來極其恐怖的地方。

戒酒前，我往往第一個踏進舞池，最後一個離開。一個女孩並不會因為十三杯白酒下肚就變得自信而性感，但酒意會使她覺得自信而性感，我就是這樣。我很在意自己，於是就不好意思跳舞。在婚禮上跳舞就像赤身裸體一樣，是自信心的考驗；而兩人共舞，則是關係的考驗；並且，跳舞本身就是舞技的考驗。我這個人既沒自信，也沒安全感，也不會跳舞。看到別人無拘無束翩翩起舞時，就為我和克雷格感到遺憾。總覺得與別的夫妻相比，我們之間缺少了一種十分重要的愉快體驗。這讓我感到挫敗，並且受困於自己圍起的藩籬中。

幾年前，在表妹納塔莉亞的婚禮上，我獨自一人坐在桌旁，笑看很多夫妻開著玩笑、推著進入舞池。我心裡非常沮喪，我想到我多麼想喝酒；但我想得更深入些，便明白了，我想念的不是酒精，而是恣意跳舞的感覺，想跳就跳吧！又沒有人攔著。我站起來，走進舞池，加入妹妹、妹夫和其他親朋好友的行列中。

那天晚上，我就像有生以來第一次踏進舞池一樣，盡情瘋狂、笨拙又尷尬地舞動著。妹妹和妹夫明白，我藉此實現了一次重大的精神突破，所以他們陪在我身邊，這還挺管用的。我一連跳了整整三個小時，頭髮凌亂，全身濕透，而我又不願意脫下細高跟鞋，所以扭了兩次腳踝。儘管妹妹護航，我仍尷尬地發現，舞者組成的圈子常常把我擠到外面，我只得笨拙地擠回到他們之間，或者乾脆閉上眼睛，隨心所欲擺動身體。彷彿我完全陶醉在音樂中，根本不在乎有沒有人陪我一起跳舞，只想獨自享受。在某些情況下，我們確實需要獨處。那天我始終沒有停下舞步，那一場三個小時的勁舞是我獻給自己的禮物。

我跳舞並不是因為我擅長於此，而是由於我渴望跳舞。無論別人跳得多麼好，也無法代替我跳舞，所以我想跳就跳，不必考慮是否會不會跳，是否有信心跳好，是否能和舞伴協調好。我明白其實誰也沒有十足的信心能夠跳得多麼好，誰也沒有絕對的把握可以和舞伴協調得天衣無縫。而這些不確定的感覺是每個人在不同的情況下都會有的。但有些人卻不會為這種感覺所牽絆，他們會無憂無慮地翩翩起舞，讓自己的生活更加絢爛多姿。當我臨終時，我想我不會因為自己沒像珍妮佛・羅培茲跳得那樣好而遺憾，我只希望自己能再多跳幾次。

戒酒後第一次跳舞的那一晚是我一生中最珍貴的回憶之一。「拋開顧慮，做自己想做的事情。」已成了我的座右銘，我每天都會懷著這樣的心態去做很多事情，包括寫作。只要展現真實的自己即可，無論是多麼糟糕、笨拙、無能，只要坦率真誠、熱情生活。

如果你渴望寫作，就動筆吧。把寫作當成給自己和他人的禮物。每個人心裡都有一個故事想說給別人聽。寫作並非堆砌華麗的辭藻或者精挑細選「正確」的字眼，而是認識自己、感悟生活，並把自己領會到的分享給別人。倘若你能夠把自己的真實情感訴諸文字，這就是你獻給世界一份愛的禮物，因為你給了讀者勇氣，使他們不再感到孤獨。假使你寫得的確很糟糕，那麼你就更應該寫出來，因為這樣一來，其他文筆不佳卻想寫作的人就有了下筆的勇氣。就像我在表妹的婚禮上看到我妹妹在舞池中笨拙的動作時，心想，像她那樣不會跳舞的人都可以在那兒跳個夠，肯定不會有人把我趕出去。想到這兒，我終於鼓起勇氣，走進舞池。

所以如果你想跳舞、寫作、畫畫、唱歌，就大膽去做，不必顧忌自己做得不夠好，慷慨地給這個世界獻上一份除了你以外沒有人能給的禮物——那就是你自己。

坦然面對過去，重新發現新生活

獻給所有戒酒的朋友，這些是在你戒酒後的第一天清晨我想對你說的話。

你現在經歷的這一切我也曾經歷過，你將恐懼地醒來。你一睜開雙眼，就立刻意識到：一切都完了。你無力地躺在床上，腦海中不斷想著：過慣的好日子結束了。可是轉念一想，其實這樣挺好的，其實那種生活糟透了。儘管你這樣想，但還是不想起床，因為你不知道自己起床後，怎麼應付這一天的生活。你不知道怎樣生活，怎樣和人交流，怎樣處理問題，怎樣在現在不能喝酒、將來也要滴酒不沾的情況下面對生活。你開始不知所措，過去的你一直在酒精的陪伴下生活，現在怎麼辦呢？

聽我說，你因為這些恐慌和焦慮而覺得今天是你生命中最糟糕的一天，那你錯了，其實今天是你生命中最美好的一天。從今天開始，一切都會變好。你的守護天使們在為你翩翩起舞。你已經不再為那些黑暗的祕密所束縛，你自由了。現在，你已經渡過了危機。

凱薩琳．諾里斯曾說，「危機」在希臘字根是篩選、過濾的意思，這改變了我們的人生，在這種變化中，我們會緊緊地抓牢最重要的東西，而捨棄無關緊要的。目前對你而言最重要的就是戒酒，因此現在你不必考慮戒酒後的自己是否仍會像以前那樣勇敢、聰明、幽默、美麗、有責任心。即使你膽小、怯懦、乏味、糟糕，也沒有關係。只要你能夠成功戒酒，就已經邁出了第一步。除此以外，一切都不重要。

戒酒和展現真實的自我一樣，都是艱難而痛苦的事情，很多美好的事情做來都不容易。

戒酒如同從凍傷中恢復過來。

過程中會令你痛苦不已，因為你已經麻木了那麼久，所以當你的靈魂一點一點恢復知覺的時候，你會感到微微刺痛，很不舒服，非常難受。接著微微刺痛會變成劍擊般的疼痛，沮喪、失落、恐懼、憤怒、焦慮，這些你酗酒時遺失的感覺，如今就像第一次經驗到那般，如潮水湧來。這種滋味真不好受，但你不能逃避，只有忍受痛苦才能真正痊癒。你不能繞過、也不能跳過，你必須體驗。如果無法忍受痛苦，你就只能截肢。倘若你接受這個痊癒的過程，默默忍受痛苦，並相信自己的傷痛會逐漸痊癒，那麼總有一天，你的靈魂會獲得拯救。只要你有知覺，就不必去截肢。只要你能去感受，就還有獲救的希望。

朋友，我們需要你，當你獨自躲起來的時候，大家都在為你擔心。你已被原諒了，你是被愛的，大家一心盼望你能回到生活中。但這該怎麼做？告訴我這究竟該怎麼做才好！

事情就是這樣的，讓我們一步一步來：起床，不要賴床在那裡胡思亂想，胡思亂想就像和死神親近一樣，就是趕快爬起來。然後洗個澡、唱個歌，想辦法讓自己唱出來，感覺很蠢也沒關係。對自己微笑，為自己而開心。單純為了喜悅而喜悅，這份喜悅是為了你而有，而你是喜悅的創造者，讓自己保持喜悅。

把頭髮吹乾，化個妝，挑一件漂亮的衣服穿，讓自己看起來成熟一些。如果你找不出合適的衣服，就去買一件。像今天這樣的日子，不要考慮花多少錢。去喝杯香濃的咖啡，不管是一般咖啡還是低咖啡因的（十一點之後就喝低咖啡因）。給女兒講個故事，講的時候要心無旁騖，注意用詞。接著你可以給女兒梳頭髮綁辮子，還可以洗個水槽。記得手邊放幾本好書，以便隨時閱讀，比如《旅途中的仁慈》，或者大衛・賽德里的書也不錯。如果你手裡沒有什麼好書，就去圖書館借。若是你沒有借書證，就去辦理一張。也許你有點緊張，擔心圖書管理員會因為你的情況而拒絕你。聽著，他們對你的過去一無所知，即使知道，也不會在乎你的過去。像我這樣前科累累的人去辦借書證，他們也很乾脆地給了我一張。其實當你憂心重重地重新走入社會時，圖書館正好是調整心態的好地方，我喜歡圖書館，也喜歡教堂，相信我，這兩個地方一定會敞開大門接納你的。

去參加戒酒者的聚會，不要在乎參加者都是什麼樣的人，也不要去考慮那些酒鬼是不是也和自己半斤八兩。大家都需要面對新生活，所以儘量對別人友善一些。

走出家門。如果不知去哪，就到外面散散步。不要拿天冷當藉口，你可以穿暖和些。廣闊的天空會讓你感受到上天的偉大，一邊感受上天的力量，一邊呼吸新鮮空氣，你會覺得心情非常舒暢。你可以每天打電話給一位朋友，不要一開口就只顧著說自己最近怎麼樣，先問問對方，她過得怎麼樣。然後認真聆聽她的回答，接著向她表達你對她的關心。倘若你發現自己透過傾聽一位朋友的心裡話，就已經幫助了她，那麼你會感到自己的生命非常有意義、有價值。

找瑜伽影片來看，並準備一個漂亮的墊子。每天晚上當孩子睡覺後，你就可以開始練習了。對於戒酒的人來說，夜晚是充滿誘惑力的危險時間，所以你必須給自己定出計畫。練習瑜伽絕對是個不錯的選擇，因為它不僅可以教會我們怎樣呼吸，還能夠使我們把孤獨當作上蒼賜予自己的禮物，好好享受一個人的時光。

如果心情不好，就用一種有效的辦法去改變。如果因為手頭錢不多而不安，就去向別人借些錢。如果覺得自己得到的愛不夠，就去找一個能愛你的人。如果你覺得自己所做的事情不被認可，沒有得到應得的讚賞，就以一種具體的方式去認可、讚賞別人所做的事情。如果你覺得自己很不幸，就強迫自己去想一、兩件發生在自己身上的好運，然後做一件實實在在的事情，給別人帶來好運。每天我都用這樣的方法甩開負面情緒。

不要去考慮自己是否喜歡做這些事情，在你重新面對生活後的很長一段時間裡，你都會討厭做任何事。但其實對於自己究竟喜歡做什麼、討厭做什麼，你根本就不清楚。所以不管你是否心甘情願，都照我說的去做，你會藉由一遍又一遍地重複這些小事，重新建立起自己的新生活，美好的新生活。

朋友，如今我已經成功戒酒了，感謝全能的上帝，我不再是個酒鬼了。昨天是我兒子的十歲生日，這意味著我已經十年零八個月沒有沾過一滴酒了，我已經走過了那麼漫長的道路。在過去的十年零八個月裡，好運與厄運都曾降臨到我頭上，但這是在沒有酒精的陪伴下經歷了這一切。上帝啊，我成功了。

現在，我是一位妻子、一位母親、一個女兒、一個朋友、一名作家、一個夢想家，我是我妹妹的姐姐，同時也是成千上萬位讀者的「姐妹」。倘若我沒有戒酒，就無法做到這一切。

我並不為自己的過去而感到羞恥，反而為自己能夠成功戒酒而自豪和驕傲，這是我最引以為榮的一件事。

你呢，朋友？當你實現自我時，會成為怎樣一個人呢？

耶穌看見她躺著，知道她病了許久，就問她說：「你想痊癒嗎？起來，拿起你的褥子走吧！」——約翰福音 5:6-8

活著的每一刻都會有奇蹟發生

有個小孩子玩的遊戲叫溜滑梯。

前不久，我覺得自己就要從又高又陡的滑梯掉下去了。那天我正開車接孩子們放學回家，忽然手機響了，是我的醫生打來的。她告訴我，經過血液檢查，她發現我患有萊姆病，並且可能患有狼瘡。萊姆病已經確診，狼瘡還不能肯定。

我一直感到虛弱乏力、關節肌肉疼痛、脾氣暴躁，已經好幾個禮拜了，這些都是自身免疫疾病的症狀，所以我就到醫院做檢查。不過由於很多母親都太過操勞而有這些症狀，所以我和家人也不怎麼擔心。很多讀者朋友們在閱讀我的文字時，會覺得我是一個非常和善的人，我在文字世界和社會上與人相處的確總是和顏悅色，但在家裡，我需要過得輕鬆一點。一個人很難時時刻刻維持一副好脾氣，所以大家都覺得我有這些症狀是因為我太累了，需要好好休息一下，或者多喝點咖啡提提神，可萬萬沒想到我卻接到了醫生打來的電話。

我一隻手拿著電話，另一隻手招呼孩子們趕快下車。然後我超過他們，跑到前門，站在克雷格身邊，衝著他指了指手機，用嘴型無聲地告訴他：是醫生打來的。他把孩子們都帶走後，我又回到車道上，一邊踱來踱去，一邊心慌意亂地聽著醫生給我講述詳細情況。醫生告訴我，由於我的萊姆病確診較早，治癒可能性很大，但我必須儘快開始服用一種副作用很強的抗生素，並且要服雙倍劑量。之後她又給我介紹了一位治療狼瘡的專家，告訴我狼瘡是一種非常嚴重且無法治癒的疾病，而我的血液檢查結果顯示，我有可能患有這種致命的疾病。

怪了，我居然得上這種病，我一邊思忖，一邊儘量把注意力集中在醫生所說的話，但不知不覺中，她的聲音漸漸從我耳邊淡出，我的眼睛一邊盯著我們家前院裡的一隻造型滑稽的金屬馴鹿，一邊開始浮想聯翩。我幻想自己在擊敗病魔之後，被電視台邀請去當歐普拉的嘉賓，為大家講述一位富有傳奇色彩的作家如何勇敢戰勝無藥可救的疾病，大家都向我歡呼，為我喝彩。想到這兒，我突然興奮起來，繼而琢磨起自己該穿什麼衣服去做節目，最好是既優雅又另類的。可這時醫生卻用一些可怕的消息擊碎我的美夢，我為自己挑選漂亮衣服的計畫就此擱下，忽然覺得自己就像被人從滑梯高處一把推下去，既無力又無助，一陣陣暈眩襲來。

之後我回到屋子裡，認真思考了自己的病情：我罹患萊姆病，還可能罹患狼瘡。想到這裡，我不再猶豫，便和克雷格穿好衣服，開車去華盛頓參加國際正義使命團舉辦的晚宴，這是我妹妹在非洲加入的一個組織。我在那兒瞭解了很多關於奴役、人口販賣的情況，還得知有那麼多英雄正在排除萬難幫助受害者們。我感慨萬千地望著桌子對面的妹妹，她就是這樣一位英雄。我又想起我的朋友喬西在教室牆上掛了一塊牌子，上面寫著：我們能攻克難關。我思考著勇氣與信仰的結合會是多麼美、多麼有力，也許我能夠以自己的方式做一個勇敢的、心懷信仰的人。懷著這樣的想法，我回到家裡，踏實地睡著了。

第二天清晨天色微朦，我就給布巴和提莎打電話，把我生病的事情告訴他們。他們立即放下手邊的事，到我身邊來陪我，和我們一起住，而這是我最盼望的。平日裡我最期盼爸媽來看我，儘管我看起來很成熟（勉強算是成熟吧），但仍是需要他人照顧、安慰的小女孩。接到我電話的當天，布巴給我發了簡訊：

振作起來。不要把時間和精力浪費在悲觀消極的想法上。短短幾個星期後，這一切就會成為過眼雲煙。

我們會和你一起共渡難關。

我們會幫助你。

我們愛你。

爸爸和媽媽

我把生病的消息告訴爸媽後，就開車帶著女兒們來到我朋友利嘉的家。利嘉患有慢性萊姆病，對身體健康造成了嚴重影響，也給生活和家人帶來了巨大的災難。我們到她家以後，小女孩們一起到外面玩，而我和她坐在沙發上促膝聊天。她把我需要瞭解的一切有關萊姆病的資訊告訴我，我邊聽邊做筆記。之後她說，如果她與疾病抗爭的這些經歷能夠對我有所幫助，她會感到十分欣慰。我很愛利嘉，以前當她向我談起疾病給她帶來的痛苦時，我總是感到非常難過。不過雖然我當時很同情她，卻不能完全感同身受地理解她，我們之間一直隔著一段距離。而這次我來看望她時，我們有了共同的體驗：都在對抗萊姆病，這使我們獲得了一種奇異的安慰。沒有人願意經歷這樣的痛苦，但這種經歷在我心中卻佔有特殊地位。那天，我和利嘉就像家人一樣交談，我感到心裡暖洋洋的。

我和女兒們離開利嘉家以後，一起去購物。在得知病況之前，我沒打算買額外的聖誕裝飾品，我們在物質上都沒有過多的追求，而且目前手頭也並不寬裕，其實這才是主因，所以聖誕節簡單裝飾就好，儘量不買新東西。我覺得過節並不一定需要漂亮的裝飾品，沒有也很好。但在我查出萊姆病以後，我仍然想在過節時用些裝飾品佈置一下房間，於是就和女兒們買了許多裝飾品。

到家後，我讓孩子們都到地下室去玩，然後給克莉絲蒂寫了信。我和克莉絲蒂已經相識二十年了。當我酗酒、戒酒、結婚、生下蔡斯時，她一直都陪伴在我身邊。她是一個美麗、聰慧、幽默的人，在我情緒低落時，她就像一條寬大而厚重的毯子，暖暖地把我包裹在裡面，使我感到既安全，又踏實。我在信裡面告訴她，我自己患上了萊姆病，可能也患上了狼瘡，我感到非常難過。她得知後，既驚駭又擔憂，連續用很多大寫字母和斜體字表達自己複雜而激烈的情緒，接著又說，她晚上出去吃飯的時候，會點一杯瑪格麗塔酸橙雞尾酒替我喝掉。

當天晚上我開始服用副作用很強的藥。有些服藥事項一定要特別注意，例如服下後需要站立二十分鐘。如果我躺下，它就會黏在我的喉嚨上，在食道上燒出一個洞。我既不敢坐下，也不敢躺下，站了整整二十分鐘，這是到現在為止萊姆病讓我覺得最難忍受的地方，我和克雷格依偎在床上，用筆記型電腦看電影。他每隔幾分鐘就會問問我感覺怎麼樣，我很感動。電影看到一半，我口渴了，就對他說：「我有點不舒服。」他立刻起身跑到廚房給我拿薑汁汽水。喝下之後，我感覺好多了，而且心裡感到很溫暖，但我並沒有把內心的感受說出來。克雷格這樣呵護我，讓我覺得生病並不是什麼大不了的事。

第二天早上，克雷格沒有叫醒我。我起床後來到客廳，看到壁爐裡的火正在燃燒，客廳裡到處都放著關於耶誕節的書，耶誕節的樂曲飄蕩在空中。克雷格和孩子們都坐在地板上吃果醬，我在他們身旁坐下，和他們共渡這美好時光。幾個小時後，我忽然想為大家做點什麼，例如去雜貨店為耶誕節購物等，可又轉念一想，像我這樣一個萊姆病患者能做些什麼呢？算了，還是待在家裡吧。於是便穿著睡袍和他們一起聚在爐火旁，讀書、說笑、吃零食。那天晚上，我們去了吉娜家，和老朋友們一起享受美食，共渡愉快的聖誕夜。我們互相擁抱、說笑，回憶往事時，我們都流下了眷戀的淚水。當年女生聯誼會的姐妹們轉眼間都結婚生子，成了妻子和母親。我們曾一起互相扶持、成長，現在我們又一起看著彼此的孩子們漸漸長大。攜手共進的感覺簡直太好了，無論道路多麼坎坷，只要有你有我，我們便會覺得非常踏實。

自從得知病情後，我從生活中獲得了一些啟示：其實我們平時很難區分幸與不幸。確診後，我突然發現自己的生活中充滿了各種各樣小小的奇蹟。其實這些奇蹟本來就存在，只不過我一直忙於所謂的生活而沒有注意到。有時不幸就像一杯涼水潑在臉上，猝不及防的冰冷和刺激過後，你反而會更快、更清晰地發現生活中美好的一面。也許我們討厭這杯涼水，但這種方式往往效果非常好。倘若它可以使我們看到生活中的陽光，我們為什麼不欣然接受它呢？

被苦難打開的心靈可容納整個宇宙

「想要照亮別人，必須燃燒自己。」

——維克多・埃米爾・弗蘭克爾

只要是我給妹妹打電話，她的手機螢幕就會立刻顯示「緊急連絡人」。很久以前，我們就得知應該在自己的手機通訊錄裡加上一個「緊急連絡人」號碼，萬一自己發生了什麼意外，救自己的人就知道應該打電話通知誰。於是妹妹就把我設定成「緊急連絡人」，而我把她設定成「妹妹」，兩者的作用是一樣的。

七年前，厄運降臨到了妹妹頭上。十年前，她嫁給了一個她深愛的人，那時候我和家人們只知道她很愛他，卻不知道到底有多愛，更沒有想到她會愛他愛到心碎。後來我們才明白，只有愛到心碎，才能體現出愛得有多深、有多真。直到現在我們才懂得，一顆心支離破碎並不意味著世界末日的降臨，而是象徵一個新的開始。在受到傷害之後，不應該一味逃避。喬安娜．梅西曾這樣寫道：「被苦難打開的心靈可以容納整個宇宙。」

他們之間出現裂痕之後，她在痛苦與迷惘中掙扎了幾個星期，接著有一天，她丈夫決定結束這段婚姻。由於當時他身在國外，所以他是透過電子郵件把自己的想法告訴她的。她看到郵件後，頓時崩潰了。就在幾個月之前，我和妹妹還在相隔不到一英里的地方各自買了房子，夢想著將來一起撫養我們的孩子。那天下午，一切都結束了。記得當時妹妹讀郵件的時候，我坐在妹妹的寫字椅旁的木地板上，一隻手搖著蒂什的搖籃，另一隻手攥著蒂什的小手，吻著她的前額，聞著她身體散發出的新生嬰兒獨有的體香。我忽然抬頭看到妹妹本來就陰沉的臉唰地一下黯淡下來。接著妹妹突然從椅子上滑落下來，倒在我和蒂什身旁的地板上。她整個身體蜷縮起來，雙手抱頭，背對著我，背對著世界，背對著天空。她悲哀地呻吟著，身體劇烈起伏，動作和聲音就像一隻瀕死的動物。我撫摸著她顫抖的肩膀，抬頭望著天花板，不停大聲說：「該死！該死！該死！」我希望上帝知道他應該對妹妹受到的傷害負責，我想替妹妹質問他。

接下來幾個月，我一直祈求上帝能夠挽救她的婚姻。我懇求上帝幫她一把，她是上帝創造的傑作，她是我認識的所有人中最坦率、真誠、正直、忠實的人，並且做每一件事時都有一個好的初衷。在學校裡，她不僅是最受歡迎的女孩，並且對每一個人都那麼親切、友善，尤其是對那些孤僻的人。她在一流大學裡刻苦攻讀，以優異的成績畢業，把週末時間都花在了州裡最不安全的女子監獄裡，研究家庭暴力惡性循環的根源，還在那裡交了許多朋友。大一時，她隻身一人搭飛機去愛爾蘭挖掘關於自己祖先的第一手資料，探尋北愛爾蘭議題。畢業後，她搬到夏威夷住了幾個月，去照顧一位朋友的祖母，在那邊學做披薩，一邊練習衝浪。之後她從夏威夷輾轉到墨西哥，為無家可歸的人建造房子。然後她回到家裡，在法律學校讀書，用她的智慧、心靈和所學幫助弱者。同時，她一直關心著每位家人和朋友的一切需要，每一個認識她的人都把她當作榜樣。她太完美了，像她這樣的女人應該擁有一個好丈夫，更何況在她看來，人生中最重要的事情就是婚姻。

過去我一直過著墮落的生活，她卻始終潔身自好。現在我有一個好丈夫和兩個可愛的孩子，擁有一個完整的家庭，而她卻因為失去了自己認為人生中最重要的東西而癱倒在地板上，痛哭不止。我這輩子只做過兩件有意義的事情：戒酒和生孩子。在此之前，我的人生不是節節敗退就是停滯不前，所作所為總是違背常理，而她卻一直循規蹈矩，積極生活。以前我覺得上帝總是慈悲為懷，有時一個人無緣無故就能得到上帝的恩惠，比如我，對於自己得到的美好事物顯然受之有愧。但在妹妹崩潰的那一天，我突然領悟到，上帝也有他殘酷的一面，有時一個人無緣無故就會遭遇苦難，受到自己並不應該受到的懲罰。上帝待她太不公平了，她的生活徹底崩潰了。

那天過後不久，妹妹就搬過來和我們同住。這位聰穎、美麗、事業有成的女人搬進了我們家地下室一間狹小、陰冷的房間。她每天都準時去上班，辛苦工作十五個小時左右，到家時通常已經很晚了。她幾乎天天晚上都以淚洗面，每到這時，我就坐在她身邊，陪她一起哭泣。克雷格會為她做她最愛吃的東西，但她往往吃得很少，我總會勸她多吃幾口。每天晚上我會為她端水，每天早上為她端咖啡，那時我覺得任何安慰的話語都顯得蒼白無力，甚至荒誕無稽。因為不管我說什麼，也不能抹去她的悲傷，她夜夜在我們的地下室裡哭著睡著。有時我站在門外，帶著怨氣祈禱，有時只是背靠著門靜靜坐著，就像在為她守夜一樣，不讓悲傷再湧進她的房間，用一種荒唐的方式保護著她。

那一年的夜晚，我總是守護著她，當妹妹白天在律師事務所工作時，我總會跟她通電話，聽著妹妹在電話另一端大聲哭泣，或者聽她抑制著自己的情緒不哭出聲來，這些都讓我更加難過。天塌下來的那一天逐漸遠去，但她的悲傷仍在延續。充滿痛苦的日子總是過得特別慢，每天的生活都顯得沉重，我們就像背著冰箱前行，壓抑得無法呼吸，憤怒、壓抑和自憐一直陪伴著我們。和妹妹通幾個小時電話也只能給予她彷徨、痛苦的沉默和真誠卻無用的陳腔濫調：「天吶！我真為你感到難過，我非常愛你。」掛上電話後，我還得給父母打電話，向他們彙報妹妹當天的狀況和情緒，充當他們的「中間人」。妹妹不能自己直接告訴他們，因為要她把話說兩次真是太痛苦了，而且她還有很多工作，還需要繼續在律師事務所保持鎮定沉著。況且我們都清楚，我們的父母對此是最傷心的。

妹妹是他們的心肝寶貝，所以這件事對他們而言是致命打擊。我有生以來第一次見到爸爸這樣生氣，我們都覺察到了他的憤怒，不過他對妹妹卻異常溫柔。他是她的父親，覺得自己有責任和義務終生保護她，不讓她受到傷害。她的大女兒曾經有過墮落的生活，如今他又看到小女兒在忍受他不曾經歷過的痛苦。他無法為我們照亮眼前黑暗的道路，感到無比絕望。雖然妹妹覺得只有自己才能幫助他平息怒火，減輕痛苦，可現在她卻沒有力氣引領別人穿越黑暗。

我母親也遭受到了毀滅性的打擊。她不願意看著大家就這樣沉淪下去，雖然也想不出解決問題的辦法，還是保持樂觀。但妹妹依然沉溺在悲傷中無法自拔，所以有時她覺得母親太過急切了。經歷這樣的災難後，我才明白，我們應該陪伴受傷的人一同悲傷，倘若他們的悲傷無止境地持續，那麼我們就要陪伴他們悲傷到永遠。

災難發生後的頭兩年中，一切都非常糟糕，沒有任何值得回憶的事情，對於現狀，每個人都束手無策。我是妹妹的「緊急連絡人」，但面對她出現的緊急情況，我卻無計可施。我能做的事情充其量只不過是：給她做些她愛吃的食物，在她哭的時候擁抱著她，怨天尤人地為她祈禱，始終陪伴在她身邊，期盼時間流逝，盡我所能幫助她療傷。

事實上，「緊急連絡人」有時也需要別人的幫助。有一天，我打電話給爸媽：「今天你們必須過來一趟，就是今天。你們得來幫幫我，我快受不了了。如果我不透透氣，就快崩潰了。看見她老是哭，我實在受不了，我的心已經四分五裂了，我得休息一個晚上。」

媽媽十分為我擔心：「寶貝，也許這件事對你的家庭太沉重了了，你應該花時間照顧丈夫和孩子們。我來重新安排一下，讓她搬過來和我們一起住吧。」我愣住了：「不，我不是這個意思，媽媽，今天你們過來幫我一下。但你絕不能讓妹妹知道她這種狀況讓我難以承受，千萬不要讓她以為她對我來說是個負擔，哪怕是一個字，一個眼神中也不要流露出這種意思。她絕不是我的負擔，而是上帝賜予我的禮物。我很慶幸自己可以陪伴她一起經歷這些痛苦，這是我有生以來做的最重要的一件事。我只不過需要你們暫時來幫幫我。你們今天過來一趟，之後就回去，讓我繼續陪伴她。」她同意了，她總會答應我的請求。父母永遠會在我需要他們的時候來到我身邊。

時間緩緩流逝。我們始終在原地踏步、停滯不前。如果某天下午妹妹稍微感覺好些，晚上就又會重新跌入黑暗之中。我們並沒有隨著時光的推移逐漸邁向希望，而是始終在原地等待，彷彿一起在地窖中等待輻射塵消失，琢磨到底何時才能安全地出來。

我一直把這段回憶視為我的小家庭裡經歷過的最難熬的一段時期。在這些日子裡，我沒有把心思花在孩子們和克雷格身上，而是把全部的注意力集中在了妹妹身上。但後來當我向克雷格提起這段歲月時，他卻對我說：「那時咱們過得很不錯，是吧，跟她在一起很愉快。」那段時光只給他留下了這樣的回憶，他覺得和她相處很快樂，難怪她最後漸漸平靜下來了。

又過了一年，妹妹重新開始約會了，但她一直感覺很糟。她把離異後再約會比喻成吃有毒的乳酪漢堡，胃口不佳卻不斷大口吃漢堡。妹妹美麗、聰慧、幽默，似乎每一個和她約會的男人都會愛上她，而她卻不得不在傷他們心的同時也傷自己的心，反覆揭開自己的瘡疤。

後來有一天，她要搬出去了。我很擔心，覺得她還沒有做好充分的心理準備，所以堅決反對。但她對我說，我永遠也不會認為她有足夠的心理準備，因為我自己沒有準備好去讓她迎接新生活。可她最終還是走出了我家大門，準備和一個男孩同居。他們約會已經有一段時間了，大家都覺得他並不適合她，不過他的確是一個很好很善良的人。那天，他過來接她，拉著她的手，一起走向停在我家門口的搬家貨車，準備與她一同承擔未來生活的重擔。我會永遠記得他們手挽手遠去的背影，類似這樣的景像我一生中只目睹過三次。當我回到家關上門後，一下子跌坐在地板上。我又開始虔敬地和上帝交談，我已經有一年沒以這樣的口吻對上帝說話了。我說：「謝謝你給了她希望，謝謝你給了她生活下去的力量，謝謝你賜予了她這樣一個強大的好男人，幫助她繼續向前邁進。」如果沒有人陪伴在身邊共同挑起生活的重擔，生活該是多麼沉重啊！

過了一段時間，妹妹和那個很好但不適合她的男孩分了手，和朋友們住在一起。她依然過得很不好，更難過的是，時常聽人說起自己前夫的事情。後來朋友們陸續開始買房子、結婚生子，她感到更加孤獨了。

有一天我的朋友瓊安娜打電話給我，想把我妹妹介紹給我們共同的朋友約翰。我有些擔心約翰並不適合她，便一口回絕：「不！不行，我覺得他們不合適。」可是瓊安娜並沒有放棄，經常向我提起這件事。三個月後，我終於回答說：「試試看吧。」隨後約翰向我要了一張妹妹的照片，我給了他一張妹妹領著蒂什過馬路的相片。約翰看到後，馬上答覆說，他覺得妹妹好年輕，這位護送小孩的使者令人驚豔。我聽後立刻大笑，但心中隱隱還有幾分不安。

他們初次約會是在一家愛爾蘭酒吧。約翰後來告訴我，當妹妹走進來時，他瞬間被她的美所震撼，有生以來第一次啞口失聲，只好結結巴巴地擠出一句「你好」。她點了一杯健力士黑啤酒，他望著她，覺得自己飄飄然升入天堂了。他們一連聊了幾個小時，直到酒吧關門才戀戀不捨地離開。之後他把她送到她的車邊，接著兩個人一起坐進車裡，一直聊到次日凌晨，直到清潔車開過來，他們才不得不離開。我記得那天接到妹妹的電話，從她輕鬆的語氣中我感覺到：「哦，上帝啊，他就是真正適合她的那個人。」我感覺到了，他一定是。很快大家就都會這麼認為。

但妹妹自己還沒有感覺到，她還有工作要做。她向律師事務所請了一年的假，到非洲去為國際正義使命團工作，雖然我們都勸她不要去，但她已經做出了決定。妹妹被派到了盧安達，她要在那裡工作一年。她和約翰已經戀愛了六個月，當她決定離開時，他卻非常支持她，並對她說：「去吧，去做你需要做的事情，我會在這裡等著你。」最後我們也都對她說了這樣的話，儘管我們心裡十分不好受。

那一年裡，妹妹一直在尋找、營救那些兒童槍擊案的受害者們，控告那些罪犯。有時她會在電話中告訴我，他們怎樣在一個個小屋裡尋找失蹤的孩子，並想方設法讓這些孩子和家人團聚，或者對我說她正在孤兒院照顧生病的孩子。這時我往往會說：「聽著，我不想聽這些，我今天剛剛在查克乳酪餐廳熬了兩個鐘頭！」「還是你更了不起！」妹妹總會這樣回答。

我父母在恐懼與自豪中渡過了這一年的時光。妹妹在電話中對我說她在考慮自己是不是不應該結婚。她認為也許上帝安排她過的是一種充滿危險的、為他人服務的生活，她也許應該繼續留在非洲，把那些孩子們從邪惡的魔掌中拯救出來。對於她這個無私的打算，我完全不支持。我告訴她，我覺得她是出於對再婚的恐懼才這麼想的。我還說，也許把餘生的時間花在拯救一大群人要比冒險再去愛一個人簡單得多，也安全得多，接著我們還談到，世界上最難的一件事就是長久地深愛一個人。

一年後，她回家了，回到了我們身邊，也回到了約翰身邊。不久，約翰就向妹妹求婚了。我爸爸對他說：「如果你傷害她，那麼之後你一定得找個遙遠的地方藏起來，遠到我找不到你。因為我會一直想方設法找你的，我會用自己這輩子剩下的所有時間找你。」「我不會傷害她的。」約翰回答。約翰是一個正直、坦誠的人，我們都知道他是真正適合與妹妹一同生活的人。但對於妹妹再婚這件事，我們依舊顧慮重重，經歷過那樣的傷痛之後，大家對於這樁新的婚姻，都缺乏勇氣。妹妹接受約翰的求婚後，我送給她一條項鍊，並對她說：「我不害怕，我生來就是為了這個。」這句話是獻給上戰場前的聖女貞德的。我知道妹妹需要鼓足一切勇氣才能再次步入婚姻的殿堂。

作為妹妹的「緊急連絡人」，我知道我有責任擔任這個好女孩最好的朋友和守護者。他們結婚那天，我對約翰、爸媽、克雷格、我們的朋友還有妹妹說出祝福：

我妹妹是上帝創造的傑作，人們在第一次見到她時，甚至只是從她身旁經過時，就能感覺到這一點。上個星期我們一起去購物，三位中年男人停在我們身邊，對妹妹說：「打擾一下，我只是想告訴你，你真是太美了。」她聽後，莞爾一笑，彬彬有禮地道謝，但沒有一絲詫異，因為她經常遇到這樣的事情。

有些人外表美麗，還有些人內心美好，像妹妹這樣的人，由於內心懷著堅定的信念，富有同情心，勇敢，值得人信賴，時刻散發著知性的光芒，所以內在和外在都顯得非常美。每一位有幸與她相識的人都會讚歎她的美麗。她就像一件藝術品，但許多人並不知道她在成為一件藝術品之前，經歷多少坎坷。

她所有的經歷，我都一清二楚，從小到大，我一直關注著她。她領悟的一切、恐懼的一切、夢想的一切、思考的一切，對我而言都十分重要，所以我把它們都銘記在心。從她上幼稚園開始，就連她每天穿的是什麼衣服，我都知道。那時候她穿的大部份衣服直到現在我都還留著。我記得她在小學競選幹部時的演講，她在中學畢業典禮上的發言還印刻在我的腦海中。我知道她給自己的第一個椰菜娃娃起的名字，也知道她準備給自己即將出生的孩子起什麼名字。我知道她此時此刻心裡在想些什麼，也知道聽完我的發言之後，她的臉上會流露出什麼樣的表情，我還知道她打算把自己的房子粉刷成什麼顏色。我心中永遠有一部關於妹妹的傳記、一首寫給她的歌、一首獻給她的詩歌、一齣關於她的戲劇、一段為她獻上的祈禱詞，能夠目睹她奇蹟般的一生，是我終生的榮幸。身為我妹妹的姐姐，就像博物館館長一樣，既要保護她，又要把這件無價之寶展示給別人看。當有人湊近觀賞她時，我必須幫助他充分理解她具有的價值，必須告訴他要凝眸審視，必須留意他是否在好奇的同時懂得尊重，注意他是否懷有一顆崇敬之心。

當我把這一切向克雷格解釋，他說，那些想要對她妄加評判的人是很討厭的。而後他又說：「約翰理解她，懂得欣賞她的價值，而且既尊重她，又欽佩她。」

「我明白。」我回答道。

欣賞你得到的這件無價之寶，約翰。你值得擁有她，和她相伴，你的生活會充滿喜悅與魔力。

倘若你有幸成為別人的「緊急連絡人」，那麼對方選擇你一定有她的原因。不要感到迷惘，做你一直為她做的事情，相信自己的直覺。

主動去看望她，去之前不用先打電話，因為直到你到了她家，在她身邊坐下來時，她才會發現其實自己非常需要你。不要問她「我能為你做點什麼」，因為她也不知道，你做點力所能及的就好。去她家時，記得帶一部電影，這樣一來，如果她不想說話，你可以陪她看電影。如果她願意和你聊聊，不要說一些貌似能減輕她痛苦的話，比如，「每件事發生都有它的原因」或者「時間會撫平一切創傷」或者「船到橋頭自然直」。只有人們詞窮時才會搬出這些話。即使這些都是真理，最好也不要用它們來安慰對方，因為這些道理只能靠對方自己去領悟。倘若她此時此刻正深受痛苦的折磨，就讓她默默地咀嚼這些痛苦，不要竭盡全力地試圖消除它們，你無法做到這一點，原諒自己並不具備這種能力。痛苦和悲傷就如同喜悅與安詳一樣，是存在於一個人心中的情緒，我們無法從別人心中輕易把它們驅逐出去，而且這些感受是神聖的，是每個人在不同時期必須擁有的體驗。在這種情況下，我們能做的只有減輕對方的恐懼，讓她感到自己並不孤獨。讓她感覺到你的存在，感受到你對她的愛，讓她明白，無論前方的道路多麼黑暗，你都會陪伴她一同走下去。只要你能給予她這樣的安慰，就足夠了。感謝上帝。

悲傷是無法輕易抹去的，而悲傷往往會隨著時光推移，發生本質的變化。悲痛欲絕之後，我們會重生。當我們的心終於豁然開朗，我們也會更能理解別人的痛苦，擁有更深刻的體會，更能深切同情別人。當朋友經歷痛苦時，儘管我們心裡明白撥雲見日的那一天終會到來，但我們並不會用這個來安慰對方，而是讓他們自己逐漸領悟。因為每個人都必須自己親手推開心底的那扇希望之門，這是我們成長的必經之路。

我和妹妹都曾經歷過心碎的痛苦，體會過萬念俱灰的絕望，但她幫助我振作起來，我也陪伴她共渡難關。我們相互扶持，一起走出陰霾，重新面對生活。對於自己曾為對方付出的努力，我們感到無比驕傲。如今，我們的生活終於都掀開了嶄新的一頁。妹妹和約翰的第一個孩子即將來到這個美麗的世界上。

愛，終將勝利。

總有一天，你會遇見最好的自己

對我而言，閱讀就是吸氣，寫作就是呼氣。如果我既不讀書也不寫字，就會透不過氣來。憋氣時，我會像瘋貓一樣躥到離我最近的人身上，把他的眼珠抓出來，然後站在他頭上，拼命大口呼吸。我丈夫就是離我最近的那個人，他最能理解我，所以非常支持我寫作。我和克雷格一致認為，對於一個像我這樣的女孩，能有一個地方自由吸氣與呼氣，暢所欲言、袒露心跡，是絕對必要的。

在日常生活中我們往往不能吐露真心話，只能說一些膚淺表面的話，諸如：我很好，你呢？但對於其他想法，尤其是自己真實的生活狀態，我們往往閉口不提。我們常常覺得講真話會令人很不舒服，而且顯得沒有禮貌，也不討人喜歡，所以就學著說些動聽的小謊言，讓大家喜歡自己。這樣一來，我們每個人都擁有兩個我：一個是展露在公眾面前的我，這個我總是談吐得當，說話恰如其分；另一個是隱蔽的我，這個我把所有真實的想法都藏在心中。

曾經有一度，我十分厭惡跟一些女人談論社團活動、廚房台面、自己過得有多好這類話題，所以我決定索性幹掉那個展露在公眾面前的我，因為其實我過得一點也不好。有時我真希望自己可以帶上望遠鏡和天上的鳥兒交談，和它們說說自己的心裡話。後來，在我和泰絲成功溝通之後，我告訴克雷格，我準備把自己那個隱蔽的我讓遊樂場和購物中心的媽媽們知道。我打算對她們這樣說：

「你好，我叫格倫儂。我剛剛從爛泥裡爬起來。最近我一直在和自己的孤獨感抗爭，和丈夫處得也不大愉快，我們之間有些隔閡，我還總是莫名其妙地生孩子們的氣，這一切搞得我心亂如麻。但是練過瑜伽後，我感覺好多了。另外，深呼吸和泡溫泉也很管用。你過得怎麼樣？」

如果有人聽了我的話之後，便向我敞開心扉，那就太好了，我又結識了一位新朋友。如果有人聽我說完就溜走，也沒什麼大不了，至少我們都知道彼此不適合。我覺得自己這個想法相當不錯。但妹妹勸我：「就當作為了你的孩子們和鄰居們，你千萬別這麼做。」接著她向我解釋不應該把真心話對遊樂場上的人吐露的理由。

她說，那些忙著看顧孩子們爬高高的陌生人，對我的焦慮、喜悅與迷惘並不感興趣。有時我們為了保護自己和家人，也為了社會的安定，確實應該把自己心中的想法先過濾一遍，再把沒有問題的部份說出來。我聽過之後，問她「過濾」的意思是不是指要去掉那些真話，留下一些「謊言」，她肯定地回答：「是的。」

當然，我也理解妹妹說得對，但我仍然認為一個女孩應該找個地方把自己真實的一面、那個隱蔽的我袒露出來，這是至關重要的。一定要有那樣一個地方可以暢所欲言，一吐為快，不管那些想法是否恰當。孩子們從小就應該有這樣的地方，因為他們還小時，一個完整的我就開始逐漸分化成兩個對立的我，一個隱蔽的我和一個展露在公眾面前的我。每個小女孩都會接受這樣的教育，至於她心中那個醜陋、怯懦、隱蔽的我，別人並不想看到。這樣教育她的，也許是廣告商，也許是她身邊和她最親近的人，也許是她自己內心深處的魔鬼。

其實應該有人告訴她，隱藏自己的真實想法有時是必要的，有時則無須這樣做。應該有人告訴她，某些人渴望並需要看到她那個隱蔽的我，就像需要吸氣一樣。因為當她們瞭解她的真實想法後，就不必再為自己那個隱蔽的我而擔憂。她還需要認識到，祖露心跡會使她變得更加勇敢，而且也許那個隱蔽的我才是她真正的代言人。

不過她也應該明白，真實想法無疑會使某些人感到不安或者憤怒，所以她需要用含蓄或間接的方式來傾訴內心感受，比如透過藝術來抒發喜悅與瘋狂。倘若一個值得她信賴的人能夠幫助她找到最適合的表達媒介，那麼她就不必再隱藏真實的自己，再也不會感到窒息了。在她呼氣的同時，她會發現自己已經營造了吸氣的空間，終於可以自由呼吸了。

由於我想把這重要的一課教給學生們，所以我成為了一名老師。不過現在我還不能把這一切都告訴她們，因為她們大多數只有三歲。當我看到自己的某位學生非常生氣或者覺得自己遭到冷落時，我就會把她叫到講台前，用紅筆寫下幾個大字：憤怒、冷落，然後饒有興味地讀給她聽。有時我還會畫上幾道閃電或者一張皺著眉頭的臉，這時有的學生就會露出笑顏，因為她們覺得我也有非常生氣、遭人冷落的時候，我心中那個隱蔽的我也有和她們一樣的經歷。不過大部份學生看到我寫的字和畫的畫會感到十分困惑，緊跟著就會向我說起昨天晚上她的狗在家裡客廳地毯上小便的事。這時我就會對她說：「有意思，想把這事寫下來嗎？」

真正的寧靜是內心的淡定與從容

其實我之所以喜歡瑜伽並且需要瑜伽，就是因為這個臭烘烘又咳嗽不止的傢伙。我的忍耐度有限，每天必須做許多能讓自己心情平靜下來的事情，這樣才感到踏實、安心，才會覺得大家過得都很好，我也很好。練瑜伽就像過安息日，藉由練瑜伽，我認識到其實自己什麼也掌控不了。倘若我離開這個世界，地球也一樣轉動，因為我並不主宰這個世界，只是隨著它的轉動而旋轉。我希望透過練習瑜伽驗證這個道理，從而獲得心靈的寧靜與祥和，也想讓自己不再為無法掌控的事情而煩惱，我認為這些道理只有長時間的練習最終才能領悟。

我在離家很近的一個健身房練瑜伽。當我不想寫作，酒癮復發又想喝一口時，我就會去健身房。其實去那裡並不是因為我對健身有多大興趣，而是由於健身房裡有個相當不錯的小托兒所，那裡的人可以替我好好照顧孩子，所以我才沒事就去

「鍛練身體」。如果我家附近的郵局也有這個服務，我就天天去寄信了。有時我和亞德莉安娜在健身房碰面，我們就坐在健身腳踏車上聊天，只是坐著，腿都不動一下。聊完之後，我就去練瑜伽，她對瑜伽完全不感興趣，因為她覺得那毫無意義。於是我和亞德莉安娜告別之後，就走進黑暗、安靜的瑜伽教室。我拿出墊子，放在房間的角落裡，然後脫下鞋子，把它們和水瓶一起擺在旁邊，用它們劃分出我的區域，暗示別人不要離我太近。接著我向教練微微一笑，便盤腿擺好我的坐姿，閉上眼睛，開始透過鼻子深呼吸。呃……

接著……那個臭烘烘又咳嗽不止的傢伙走進教室。他一進門，我立刻就知道是他，因為我聽到了他咳嗽的聲音，聞到了他身上散發的臭味。每到這時，我都驚慌失措暗自瘋狂祈禱：請不要……請不要……請不要……不要坐在我身邊，不要坐在我身邊。可是每一次，他都會把墊子放在我旁邊，每一次都一樣，有時他為了離我近一點，甚至會挪動我的水瓶。在練習瑜伽的整個過程中，他從頭咳到尾，並且始終散發出臭烘烘的氣味，結果當教練讓我們深呼吸的時候，我根本沒法集中精神。前半個小時裡，我一直在心裡默默咒罵這個傢伙。我雙手合十呈祈禱姿勢，微微低下頭，半閉著眼睛，但沒有按照教練指導的那樣去集中精神、靜止不動，而是每當這傢伙咳嗽時，我就偏頭瞪他一眼。而每回我瞪他這一眼卻都被教練的目光逮個正著，這時她就會溫和地衝我們倆笑笑。於是我就會覺得十分困窘，覺得自己好可憐，不停喃喃自語：我怎麼這麼倒楣？為什麼偏偏是我遇到這種事呢？我整天在家對著三個又哭又鬧的孩子，就想清靜這麼一個小時，獲得片刻安寧，這也算是奢望嗎？每次我都在心裡這樣抱怨，每次都一樣。後來，我終於從這個傢伙還有耐心有加而又公正的瑜伽教練身上獲得了重要啟示：我認為自己一直曲解「寧靜」二字的涵義。

我不停祈禱，祈求上帝賜予我內心寧靜與安詳。因為我生下孩子後，始終飽受產後抑鬱症煎熬，就像一座休眠火山，隨時有可能瞬間噴發，把全家人都活活燒死。上帝聽到我的禱告後，對我說：「格倫儂，真正的寧靜並不是祛除掉內心的雜念、苦惱和痛苦之後獲得的，而是在體驗這些情緒的過程中，去發現自我，尋覓寧靜與安詳。」於是上帝就把這個臭烘烘又咳嗽不止的傢伙派到我身邊，這傢伙其實是一位慈祥的老師，並賜予我一間安靜的教室，讓我學習如何獲得內心的寧靜。

事實上，對於我提出的問題，這個臭烘烘又咳嗽不止的傢伙已經給出了一些答案。他是在幫助我。

每一天，我都向前邁進一步。舉例來說，上星期我們全家人去參加一個生日派對，本來時間就很緊張，眼看就要來不及，結果等到大家都穿好鞋子，拿好禮物和酒瓶坐進車裡，繫好安全帶的時候，車庫的門卻無論如何也打不開。我們都心急如焚地坐在車裡，孩子們大喊大叫擔心會遲到。事情很不妙，整整十分鐘過去了，克雷格就是怎麼也打不開門，但我居然沒有急得大嚷。記得當時我對自己說：格倫儂，別擔心，沒事的，一會兒問題就能解決。

朋友們，這對我來說就是進步，或者說是進步的開始。但不管怎樣，克雷格說這簡直是個「奇蹟」。

真正的寧靜並不是心如止水、波瀾不驚，而是擁有化解內心衝突的能力。

——羅伯特・富爾格姆

第二章

關於愛情與婚姻的祕密

你覺得我本來就這麼幸運嗎？

現在讓我們暫時回到二〇〇三年三月二十日那一天吧！這時我和克雷格已經結婚六個月了。我們的第一個孩子蔡斯已經兩個月了。我正在休產假，照看孩子，每一天的生活交織著極度的喜悅與深深的絕望。我不堪重負，心力交瘁。但在三月二十日那天，我一覺醒來就感到神清氣爽、容光煥發、精神振奮，因為我剛一睜開眼睛，立刻想到：今天是我的生日！我的生日！我滿懷期待躺在床上，等待克雷格帶給我驚喜，為我慶祝生日。我等了一會兒，又等了一會兒，然後端詳著熟睡中的克雷格，思忖道：哦，他會給我慶祝的。他還沒清醒呢！肯定整夜都在為我的生日做準備吧，我簡直等不及了。

我繼續等著，盯著克雷格看，克雷格終於醒了，他望向我，臉上露出了似乎是「親愛的，生日快樂」的笑容。我衝著他眨了眨眼睛微笑。克雷格迷迷糊糊地從床上爬起來去沖澡。我仍舊躺在床上，耐心等待。二十分鐘後，他從浴室裡走出來對我說：「我給你煮咖啡吧。」「哦，好啊。」

我從床上爬起來，把頭髮綁好，化好妝，心裡想著：說不定當我從臥室一走出去，克雷格就會搶拍我的照片，緊跟著一堆氣球和鮮花就會撲面而來，或許他還雇了絃樂四重奏，在我吃他為我精心準備的早餐時給我奏樂。

我深吸一口氣，準備好驚訝萬分的表情，然後滿懷希望地霍然打開臥室門。

結果開門之後我才發現，自己根本沒有必要準備任何表情，因為我的確驚訝萬分，門外沒有氣球，沒有樂隊，什麼也沒有，只有克雷格。他笑著擁抱我，對我說：「生日快樂，親愛的。我得走了。晚餐見吧。」

克雷格就這樣走了。我一個人坐在狹小公寓的地板上，剛剛發生的一切令我難以置信。之後我一遍又一遍把前門開了又關、關了又開，琢磨他會不會把我所有的朋友都從世界各地叫過來一起藏在那兒，等著我開門，然後衝著我大喊：「生日快樂！」但不管我開門關門多少次，也沒看見任何朋友，那兒什麼都沒有。

我坐在沙發上，錯愕萬分，覺得自己徹底被忽視了。

自小到大，生日一直是非常特別的日子。每年生日，布巴和提莎都會讓整個世界停下腳步，為我慶生。我不知道這天會有什麼驚喜等待我，但我知道他們一定會讓我大吃一驚，興奮不已。一大早提莎就會帶著鮮花和禮物，和早餐一起端到我床前，而後在接下來的一整天，驚喜不斷從天而降。記得我中學時，布巴曾讓花店的人在第四節歷史課上為我送去玫瑰，上面附著一張卡片，署名「暗戀你的人」。正常情況下，誰也不能在上課時收到鮮花，但布巴特意托人給了我驚喜。因為他知道鮮花會在那天使我成為學校裡最受歡迎的女孩，我的確如願以償。當大家問我這些花是誰送我的時候，我只是若無其事地聳聳肩，一笑而過，朝著足球隊隊長的方向投去漫不經心的一瞥，其實他連我叫什麼名字都不知道。在我生日這一天，天大的好運都會降臨。

現在還是讓我們再次回到二〇〇三年三月二十日吧。這一天我沒覺得自己是學校裡最受歡迎的女生，只覺得什麼驚喜也不會有，什麼好運也不會光臨。想到這裡，我失望地抱著哭鬧不止的孩子坐在沙發上，打開電視看新聞。居然發現美國發動了個什麼戰爭，已經正式宣戰了。「什麼？」我衝著電視大吼大叫。「在我生日這天，竟然就這麼開戰了？」

這就是我的生日。

克雷格正在工作，我撥通了他的電話，他沒有立刻接聽，於是我就掛斷，然後馬上又重撥一次，這是我們的暗號，暗示有緊急情況。第二次剛一接通，他立即就接聽了。「喂，怎麼了？出什麼事了嗎？又失火了？」

上個禮拜，我不小心把公寓弄著了兩次火，消防隊員兩次都趕過來。當時消防車鳴著警笛，消防隊員們個個戴著大面罩，穿著制服，拿著長長的管子，我覺得很有意思，因為火並不太大，情況並沒有那麼嚴重，但克雷格一直把這事放在心上。不過我現在並不想說這些，此時此刻的關鍵問題是：今天我生日。

我說：「沒有，老公，沒失火。但問題比失火還嚴重，我想告訴你，我把今天的生日取消了，今天不再是我的生日了。」克雷格問道：「什麼？為什麼？」

我回答說：「因為現在已經是下午了，我不僅什麼都沒有得到，而且美國還宣戰了。我討厭今天，所以今天就不再是我的生日了，也把今天是我的生日這件事從你的大腦裡刪去吧，明天才是我的生日。」

克雷格說：「好的，嗯……那今天晚上我們在餐廳預訂的包廂也要取消嗎？保姆還要過來嗎？」

我回答道：「不，那倒不用，親愛的。今天晚上我們還是要出去吃飯。不過這是工作晚餐，你要做好準備，帶上鉛筆和紙，我要特別為你做一場講座，跟你談談我對生日的期望，所以你最好仔細琢磨一下。還有，明天晚上也要找個保姆，在餐廳預訂包廂。我的生日晚宴定在明天晚上，明天是我的生日。把明晚看成是我給你的第二次機會吧。晚上見，親愛的，我們要好好商量一下。」

那天晚上我們一起去吃飯，我向克雷格講了在這個特別的日子裡我父母是怎樣表達他們對我的愛。我還告訴他，他們非常關心我到底需要什麼、喜歡什麼，總是給我細心準備禮物，給我帶來驚喜。我就這樣學會了接受愛。所以如果他不這樣做，我就感覺不到他對我的愛，就會覺得不安。

克雷格告訴我，他非常愛我，因此很想讓我能夠感受到自己得到了他的愛，只是不知道以什麼樣的方式來表達。他對我說，我能直言不諱地告訴他，讓他照做，而沒有在心底暗暗埋怨他，為此，他非常感激，同時還會有一種安全感。

這場關於愛的討論進行得很順利。我們談論著來自不同家庭的兩個人如何成功地建立新的家庭，一致認為雙方應該把自己心中的想法向對方坦率表達，只有這樣，我們的婚姻才能幸福、美滿。

第二天清晨，二〇〇三年三月二十一日，我臨時的生日，克雷格端著熱咖啡和插著粉色蠟燭的貝果走進臥室。他為我唱了生日快樂歌，讓我許個願。

當我瞥向門外的時候，發現牆壁上貼滿了畫，上面寫著：「生日快樂，親愛的！我愛我美麗的妻子！」每幅都畫滿了氣球和愛心，儘管畫得很幼稚，但是非常可愛。

我開心尖叫，克雷格也露出幸福的笑容。我和他親吻道別，他告訴我等等就會給我打電話，每個小時都會打來。

我瞄了一眼蔡斯的房間，發現他的嬰兒床繫上了藍色的緞帶。

我去洗手間，剛抽出衛生紙，一些小紙片就掉了出來，上面寫著：寶貝，生日快樂！

如今克雷格特別擅長幫助別人慶祝這些特殊的日子。對此，他引以為榮。在這方面，他是一個能手、一位大師。不知有多少位朋友曾對我說過：「你太幸運了，他多了不起啊。」這時我往往會在心裡說：「幸運？你覺得我本來就這麼幸運嗎？你以為他天生就是這樣的嗎？」但我嘴上卻只是回答：「是啊，他的確很棒。」

曾經的我，現在的你

親愛的克雷格：

不久前的某天晚上，我們哄孩子們入睡後，相互依偎在綠色沙發上，一起凝望壁爐架上孩子們的照片。我們都覺得照片中的他們既不能動，也不會互相吵鬧著要甜食，這時的他們顯得無比可愛。我們訴說著自己有多麼愛他們，尤其喜歡他們熟睡時的樣子。之後，我沉默了片刻，說道：「現在我比我們新婚時更愛你了。」你想了想，便回答我說：「我也是，不過其實我們新婚時並不十分相愛。」

聽你這麼說，我驀地睜大眼睛，坐直身子，思忖著你這句話是否傷害了我的感情。但隨後我們都笑了起來，我笑著笑著忽然落下淚來。這是我們第一次坦白承認，那時的我們對於婚姻是多麼迷惘，對未來是多麼恐懼。記得結婚那天，我們在你父母家後院一起穿過長長的白色走廊，許諾永遠相愛，至死不渝。其實當時只有兩點共通之處把我們聯繫在一起：一點是我腹中的胎兒，另一點是我們懷有相同的信念，覺得倘若自己不再犯錯，一切終究會好轉的。

這也是我們第一次承認其實我們的婚姻在本質上和印度家庭的媒妁婚姻沒什麼兩樣，只不過他們的婚姻是由父母和傳統習俗決定，而我們結婚是由於酒精的推波助瀾和疏忽大意造成的，不過如此。那時我愛你嗎？很難說，因為那時候我還不瞭解你。你是上帝賜予我的一件禮物，但那時我還沒有拆開包裝，所以我並不知道……

當時我並不知道，當我們把蔡斯從醫院帶回家放在我們小公寓的地板上時，我望著你臉上的表情，心立刻踏實下來，從此不會再擔憂，因為我覺得無疑你已經愛上了我們倆。

當時我並不知道，以後每晚我們都會一起躺在床上，手握著手，祈求上帝保護我們和我們的孩子。

當時我並不知道，有時我半夜醒來會聽到你給我們的寶貝女兒唱歌，哄她入睡。

當時我並不知道，你會同意我妹妹搬過來與我們同住，還會幫助她重新振作起來，給她做火雞漢堡，陪她一起跳舞。

當時我並不知道，在我爸媽的生活遭遇危機時，你的善良、慷慨與忠誠會成為他們的救生艇，幫助他們渡過難關。你與生俱來擁有一種能力，可以使人們永不放棄自己的信仰。

當時我並不知道，當我們的希望落空時，你會緊緊擁抱我，輕聲安慰我，讓我不要擔心，並鼓勵我永遠不要放棄。

當時我並不知道，每當你清晨離家後，我都會在蔡斯身上看到你的溫柔，在蒂什身上看到你的幽默，在艾瑪身上看到你的深情。

當時我並不知道，當我記錄下我們一起經歷過的這些平淡無奇的生活時，這所有的細節會串聯在一起，最終構成一幅動人的愛的篇章。

火花

我在二〇〇〇年七月四日邂逅了克雷格。那天華盛頓特區正在舉辦一項特殊的活動，成百上千的人不停跑趴喝酒，在每家都狂飲一番。這項活動的目的就是讓酒鬼認識到，雖然喝酒對他們的人生有消極影響，比如傷肝和損害名譽，但也有積極作用。在這項活動中，特區中的所有街道都禁止車輛通行，大街小巷隨處可見年輕男女拿著塑膠杯互相招呼。

我第一次看見克雷格是在上午十點，當時我只喝了三杯也許七杯啤酒吧，所以樣子看上去還算可以。我和一位非常要好的老朋友達娜站在路邊，一起看著來往的人群。這時我看到了克雷格，覺得他還不錯，他的皮膚是棕褐色的，笑容很燦爛。克雷格一直是這副樣子。我用手肘碰了碰達娜，我記得達娜認識他，以前和他是鄰居。上中學時，克雷格比我和達娜大一屆。達娜和她的朋友經常從她家的窗戶偷看克雷格赤裸著上半身在修剪草坪。後來我親愛的達娜媽媽告訴我，她和她的朋友過去在橋牌社也做過類似的荒唐事。

我和達娜一起走到克雷格身邊和他打招呼，達娜為我們介紹對方。克雷格露出燦爛笑容的那瞬間，我的心突然砰砰地跳起來，頓時整個人變得呆呆傻傻的，我在男孩子面前總是這樣。克雷格穿著一件藍色衣服，顯得很開朗，也很愛笑。我注視著他，忽然覺得自己無法呼吸，快要窒息。我們聊了一會，不過我根本不記得我們到底說了些什麼，因為當時我腦子裡想的都是怎麼讓自己顯得更性感、更漂亮。在三十五度高溫下喝了七杯啤酒後，我就茫了。沒過多久，我的朋友們來找我，他的朋友們也來找他，我們只好互相微笑著告別。現在向對方詢問電話號碼還為時過早，那樣做會顯得太笨、太突兀，於是我們就暫時分別了。

我們繼續各自瘋狂喝酒，做各種無益的事情。再次看見他是在十二個小時以後，晚上十點，我在第八家也是最後一家酒吧的舞池裡先和一群女孩子跳舞，接著又和一個男孩跳舞，這個男孩說第二天會給我打電話，邀請我到他的船上去，記得我當時腦子裡想的只是：

第一：你說謊，你根本沒有船。

第二：我得趕快想個假電話號碼，但我醉到一個數字也編不出來。

我向酒吧後面望去，發現克雷格正站在吧台前點酒，和酒吧侍者有說有笑地聊天，樣子就像在調情，所幸侍者是個男孩。「天吶！天吶！天吶！」我心裡一陣激動，我立刻丟下那個騙我說自己有船的男孩，從舞池中溜走了。

我獨自站在一邊喝酒，假裝出一副自己很忙但又很有空的樣子。想到克雷格也許會看見我，我就衝著舞池那邊微笑、揮手，假裝那裡也有人在向我微笑、揮手。當我緊張的時候，假裝自己很受歡迎，心態就會放鬆些。克雷格的確在看我，而且花了半個小時琢磨怎麼把我帶回家去。他推測自己得花點時間等著我和我的那些朋友們告別，而且我們才剛剛認識，我沒那麼容易會跟他走。不過他對自己還是很有信心的。他思忖著，我們應該一起先跳個舞，然後互相熟悉了，再一塊在特區這兒散散步或者吃點披薩之類的宵夜，最後他再問我想不想去看看他的新家。

他走到我身邊，遞給我一杯啤酒，開口道：

「嗨。」

「嘿。」

「玩得開心嗎？」他問。

「不錯，你呢？」

「還行。不過我有點兒累了，想回家了。」

「好啊，咱們走吧。」

他白花了那麼多時間琢磨怎麼帶我走。

我們很興奮地叫了輛計程車，但到了他家門口，我們倆才發現誰也沒帶錢，於是克雷格就對司機說，他把我先留在車裡當作抵押品，然後他進屋去拿錢。好主意，看來他不僅很性感，而且還挺聰明的。克雷格進屋時，他的朋友們在他家裡玩得正盡興。他一進去，就有人遞給他一杯啤酒，於是他就和他們打成一片，結果立刻就把我和計程車的事忘到九霄雲外了。這也不能怪他，因為我坐在車裡等了十分鐘以後，也不記得自己為什麼會坐在那兒。在酗酒的那些日子裡，我就像《海底總動員》裡的多莉，每一刻都會經歷新奇的冒險，因為我根本想不起來一分鐘前究竟發生過什麼事。因此我就把計程車司機當作是我的新朋友，和他聊了起來。二十分鐘後，屋子裡有人問克雷格：「之前在酒吧裡和你說話的那個女孩是誰？」這話忽然讓克雷格想起我還在計程車裡！於是他立刻奔了出來，把車費付給司機，把我從計程車裡拯救出來。這可真像個童話，夠浪漫吧！倘若你容易滿足而且容易健忘，你就會更容易感到幸福。

克雷格十分慚愧地向我道歉。我告訴他沒有關係，這種事情我完全理解。為了讓他不再自責，我告訴他我也徹底忘了自己為什麼會坐在計程車裡。我還說，我忘了他叫什麼名字。很久以後我問克雷格我說的這些話是不是很氣人，他說不會，而且當時他覺得「這個女孩挺酷的，和我挺像」。他還對我說，我們認識的前一週，在一個星期日早上他發現自己癱在國家動物園門口的一輛計程車後座上，他覺得對於這類問題，我應該可以理解。他說得對，我就是那種女孩，接著我們互相微笑著牽手走進了他家。

我們為你驕傲

我們剛結婚時，我每天都給克雷格準備午餐。由於晚飯我總是做得不像樣，所以想用精心準備的午餐作為補償。克雷格對此感到很滿意，我也因此而覺得自己變得更成熟，更像一位賢妻良母了。

有一天，我和蔡斯開車到克雷格的辦公室去和他的同事們一起吃午餐。克雷格在大廳裡等著我們，接著把我們帶到了會議室，很多衣冠楚楚的人在那裡迎接我們。我很緊張，因為這間屋子和學校裡的教師會議室截然不同，大家都盯著我們看。不過我感到焦慮的根源還在於我想讓克雷格為我們感到自豪，可是在這種場合中，我總覺得自己太矮了，只有在大家都坐下的時候，我才會覺得舒服些。沒想到當大家終於都坐下來開始用餐時，我的心情卻更糟了。

克雷格的大部份同事吃的午餐都是餐廳做的。女人們喝著拿鐵咖啡或者綠茶，吃著星巴克的麵包糕餅，男人們吃著鐵板三明治或者特大號三明治。只有少數幾個從家裡帶午餐的人從迷你公事包似的餐盒裡拿出壽司卷、餐具和礦泉水。

克雷格是他們的上司，微笑著拿出一個被我畫上彩虹之心的牛皮紙袋當作餐墊，然後把花生醬、果凍、乳酪、水果點心和盒裝檸檬汁放在上面。我侷促不安地看著他掏出一張卡片，上面是我寫的：「給世界上最好的爸爸，我們為你驕傲！擁吻你，格倫儂和蔡斯。」他看完之後，笑著把紙片放進口袋裡。接著我又困窘地看著他用粗大的手指剝開乳酪的塑膠包裝，兩口就把它吃完了，然後撕下檸檬汁包裝盒上細細的小吸管，戳進盒子上的小孔裡，一口就喝光了。拿著盒裝檸檬汁的他看起來就像個巨人，顯得十分可笑。最後令我無比尷尬的是，他打開海洋動物水果點心的包裝，把它們一個個拋到空中，用嘴一個個地接住吃下。

我覺得自己快要癱倒在椅子上了，便假裝忙著餵蔡斯吃飯，一心只盼著我的臉色儘快恢復正常。我一邊餵孩子，一邊不時偷偷瞄克雷格，想看看他臉上有沒有流露出尷尬的神色，可他絲毫沒有感到不好意思，他看起來不僅十分開心，而且還很自豪。但我卻十分自責，我顧不得爭取給別人留下好印象，只管低著頭一邊餵孩子，一邊極力忍著別哭出來。

那天傍晚，克雷格一進家門，我就迎上去問他：「你為什麼不在一年前就告訴我這種午餐根本就不是給成年男人吃的？別人都知道這些，只有我不懂？是我在生活中錯過什麼嗎？還有什麼基本常識我不懂？我想請你幫我寫下來，現在就寫。」聽了我的話之後，克雷格很詫異。他想了想，然後笑著說：「我喜歡吃你準備的午餐。」我露出尷尬的笑容，轉過身去繼續做我們的簡易晚餐。

那天晚上我把洗乾淨的衣服放進克雷格的衣櫥時，發現櫃門上貼了一張字條，上面寫著：「給世界上最好的爸爸，我們為你驕傲！擁吻你！格倫儂和蔡斯。」

溫柔是美好婚姻的法寶

最近有一天，當我走在雜貨店的走廊時，聞到了一股令人作嘔的發黴惡臭。於是我環視四周，想知道這股臭味是從哪兒飄過來的，結果發現原來問題出在我自己身上，是我散發一股臭味。

我趕緊回到家，克雷格出來幫我拿東西。這時我對他說：「親愛的，你聞聞我。我身上有股臭味。」

克雷格聞了聞我的襯衫，毫不驚訝地回答說：「對，沒錯。」

於是我問他：「怎麼回事呀？太噁心了。」

克雷格淡定地回答：「因為發黴了，我們所有的衣服都有這種黴味。」

我一下子愣住了，好幾秒鐘都沒反應過來。

「什麼？你為什麼不告訴我啊，老公？」

「我不敢告訴你。我發現這些……家務事快讓你發瘋了。」

「所以你為了不讓我發瘋，就寧願在公司裡發臭一整天，讓蔡斯也帶著臭味去上學？」

「是的，沒錯，就是這麼回事。」

我把買回來的東西往桌子上一放，就立刻開車回到店裡去買清潔劑。我把貨架上所有的清潔劑逐一聞過一遍，最後選了一種最貴的、品質最好的、花香型的清潔劑，我一聞到它，就會想起我遇到的每一位受歡迎的女孩。接著我回到家，開始清洗老海軍T恤、小探險家朵拉褲子和我練瑜伽時穿的褲子。

那天，我認識到了兩件重要的事情，我想把它們寫下來告訴你們。如果你們也為洗衣服的事情而煩惱，可以引以為戒。

第一：關於洗衣服的時間安排，如果你決定在星期三洗衣服，那麼你必須得在這個星期三把它們洗乾淨，然後烘乾，不能在這個星期三洗完後，把洗好的衣服擱在洗衣機裡，等到下個星期三再取出來放進烘乾機。如果這樣的話，你的家人身上就會散發出死老鼠的氣味。

第二：你必須對丈夫溫柔一點兒。這樣當你們全家人都在發臭的時候，他才敢告訴你。

做家務就像維持一段婚姻一樣，很不容易。

這世界與我們有關的東西

克雷格曾做過業餘模特兒。幾年前，電路城雇用克雷格參加一個活動，於是在接下來的幾個月，全國各地到處都是印有他照片的海報。有個週末，我帶著蔡斯去購物中心，路過電路城時，看到牆上到處都是克雷格的照片，並且每個牆角還放有真人大小的立牌。蔡斯跑來跑去，指著那些真人大小的立牌大吼大叫，一邊衝過去擁抱它們，並且嚷嚷：爸爸！爸爸！結果商店裡的所有人，無論是店員還是顧客，都停下腳步，困惑不解地看著蔡斯、克雷格的立牌和海報。這一幕簡直不能用可笑來形容，只能說是荒唐。

我們每年都去俄亥俄州過年，那年也不例外。提莎的娘家親戚都住在俄亥俄州，我也很喜歡那裡。提莎有四個姐妹和兩個兄弟。她的這些兄弟姐妹一共生養了十三個孩子，這十三位表親是我最早的好朋友。這個親密無間、美麗迷人的大家族是我外公比爾・基什曼和外婆愛麗絲・弗萊厄蒂孕育的。外公在二十五年前去世了，他生前是一個和藹可親、醫術精湛的外科醫生，而我外婆愛麗絲雖然已經八十八歲高齡，但依舊精力充沛。她是個活潑的愛爾蘭女人，也是個典型的都柏林人。我們打電話總是找不到她，因為她可能又去賭城了。她總在忙著跟人聊天，所以我們往往只能收到這樣的語音：「我在酒館，別打擾我，我回去以後再給你打電話。」

半個世紀以前，外公和外婆在同一家醫院工作，他是外科醫生，她是護士。有一天他們在醫院附近的酒吧碰面了，當時愛麗絲正在和朋友們一起喝酒，比爾看到她就靦腆地走到她身邊，對她說：「請問，你是護士嗎？」愛麗絲望著比爾，然後又低頭看了看自己的護士服，回答道：「不是，愛因斯坦先生，我是消防隊員。」他們是一見鍾情，之後共渡了四十年的美好時光。婚後，愛麗絲始終沒有改變自己原先的性格，弗萊厄蒂家族人的血液裡天生流淌著激情，並且缺乏理性。我們都繼承了這一點，覺得所謂的理性是「平庸的」，我們完全可以超越它。

有一天下午，外婆和我媽把車開到地下停車場，看到門旁邊有一塊指示牌，上面寫著：「停車場．自動門」。愛麗絲看到這塊告示後，把雙手舉過頭頂，抗議道：「天吶，既然是自動門，幹嘛還讓人向上推它呢？」她不假思索地把車子停在門口，然後下車開始推那道門。推了好一會兒，我媽媽才反應過來外婆居然在幹這種傻事（pull up，具有停車之意，也有向上推之意，指示牌的意思是把車子停在這裡，自動門即將開啟，而非往上推）。

還有一次，愛麗絲到離家五英里外的購物中心去買東西。四十年來，她一直都在那兒購物。半個小時後，我舅舅聽到她開車回來了，就出去幫她搬東西。結果她叫他別忙，原來她迷路了，找不到那家購物中心，只得開車回來，再從家裡重新出發。愛麗絲就是這樣一個人，你無須跟她爭辯，只有不瞭解她的人才會跟她爭辯，你只能接受她有趣的性格，因為誰也無法改變弗萊厄蒂家的人。我們並不認為那是性格缺陷，都覺得人生沒有必要活得那麼累。我們只想按照自己的方式輕輕鬆鬆生活，並且感到十分滿意。

我小的時候，俄亥俄州對我來說就是天堂。提莎的兄弟姐妹和家人們都生活在那裡，去看望他們是我童年記憶中最美好的時光。那時我和表親們一共十三個人整天在外婆家的池塘裡玩耍，黃昏時分，我們玩累了，就一起吃披薩，一邊安排晚間活動，我們通常玩到很晚才睡。我和卡倫是十三個孩子中最大的兩個，卡倫是我心目中的英雄，我覺得她是世界上最漂亮的女孩。我們倆經常熬夜，直到街燈熄滅才睡覺。第二天早晨太陽升起的時候，我們就偷偷溜進廚房，盛十三碗爆米花，再加上糖。現在想來，我對大家庭的嚮往（或許還有我對糖的迷戀）都是從我和卡倫在外婆家廚房裡盛爆米花的時候開始的。

卡倫的媽媽是我的姨媽茱蒂。茱蒂和外婆愛麗絲一樣，是一個與眾不同的人。如果茱蒂喜歡你，她會對你非常好，如果她不喜歡她，你最好別去煩擾她。另外，茱蒂也不大會做飯，弗萊厄蒂—基什曼的基因使得這個大家庭中沒有一個人能做出可口的飯菜。當卡倫還是個孩子的時候，有一天，茱蒂打算做蛋糕。在此之前，茱蒂連做三明治的想法都沒有過。因為不會做飯，所以茱蒂沒有去過雜貨店。也許你覺得太誇張了，但這都是事實。去雜貨店購物會讓茱蒂緊張，而我們家族的女人做任何事都要保持鎮定。但這一天，茱蒂無論如何都下定決心要做個蛋糕。十歲的卡倫負責做她的助手，這個可憐的孩子害怕極了。

茱蒂打算做的蛋糕屬於無須烘焙的果凍型蛋糕。所以說，她的確是在製作而不是烘焙。茱蒂按照說明書上的步驟，把牛奶和果凍粉倒進派皮裡，然後拿起果凍粉的盒子，繼續讀上面的說明給卡倫聽：第三步，把蛋糕頂部的洞封好，並把它黏（TAPE）在台面上。茱蒂疑惑不解地低下頭望著卡倫棕色的大眼睛，而卡倫似乎預感到了即將降臨的災難而緊張地眨眼睛。茱蒂對卡倫說：「你站在這兒幹嘛？去拿膠帶啊！」卡倫趕忙跑開，四處尋找膠帶，但沒找到。於是她戰戰兢兢地回到茱蒂的身邊說：「媽媽，我找不到膠帶。」茱蒂命令道：「那就去外婆家找！沒有膠帶怎麼做蛋糕啊？快去！」

於是卡倫一路狂奔到外婆家，一進門就上氣不接下氣地向她要膠帶。外婆問她要膠帶幹什麼，卡倫回答說：「我們在做蛋糕！」外婆聽了就告訴她：「哦，在貯藏室裡。」要知道，外婆這輩子也沒有做過蛋糕，所以她也不知道做蛋糕根本不需要膠帶。卡倫抓起膠帶，又一路狂奔回家，一進門就對她媽媽大喊：「媽媽，膠帶拿來了！」於是茱蒂把她叫到桌前，和她一起用了一整卷膠帶把蛋糕結結實實地黏在台面上。徹底黏牢後，茱蒂接著給卡倫讀說明書：第四步，把蛋糕放進冰箱裡。什麼？她們呆看著那個她們花了十五分鐘才黏在台面上的蛋糕。

茱蒂開始大聲咒罵，這時卡倫用顫抖的雙手拿起食譜，想看看到底怎麼回事。她在心裡默默祈禱了一會兒，小聲說：「媽媽，第三步驟寫的是把蛋糕頂部的洞封好，然後放在檯面上輕拍。」（茱蒂把輕拍 TAP 誤看成了黏 TAPE。）

我覺得有必要把這些事情寫出來，因為基因在一個人身上往往具有關鍵的影響。有一回，當我的朋友卡麗發現我用吹風機給她的烤箱預熱時，她十分詫異地問我在幹什麼，我回答說：預熱啊。我對預熱的理解就是預先加熱。仔細一想，這麼認為也符合邏輯。不過當時我什麼也沒有想，只是跟著感覺走。

每年元旦我們大家族都是聚在一起渡過的。每到十二月，我們所有人都會到俄亥俄州基斯舅舅和斯蒂芬妮舅媽家裡去。當初十三個孩子的隊伍如今已經壯大到了三十四個人，包括我們的配偶、孩子和未婚夫、未婚妻等。新年派對是一定會舉行的，無論那一年發生什麼事，也許參加的人會多幾個或者少幾個，我們會因此而感到幸福或者憂傷。即使是時間停止的那幾年也一樣，卡倫、弗蘭基、阿里的爸爸、茱蒂的丈夫、我們的弗蘭克舅舅去世的那些年，我們也都會去的。當我們準備像往年一樣跳舞時，大家都哭了，但不管怎樣，在新年來臨之際我們仍舊聚在一起。

不幸的是，二〇〇三年由於我當時懷胎九月，沒能和克雷格一起去俄亥俄州和家人過節。所以當我們在二〇〇四年十二月三十一日到達基斯家時，我的心情非常激動，這是我的小家庭第一次和這個大家庭見面。克雷格也由於過度緊張而十分激動。我曾經給他講過許多我家人的趣事，有時甚至是很荒唐的事，他聽了覺得挺誇張。當我們開車停在基斯家門口時，突然被佇立在院前的一座怪模怪樣的巨大塑像嚇呆。這是一尊高達三公尺的克雷格立體頭像，周圍環繞五盞照明燈，在強光反射下，克雷格的臉顯得格外分明，大得像滿月。

克雷格差點暈倒在車上，我怕他不敢下車，就告訴他最糟糕的時刻已經過去了，現在只要走進屋裡，對大家微笑就可以了。但我完全錯了，當我們走進基斯家後，才無奈地發現基斯肯定是洗劫了當地的電路城。我們目光所到之處都是克雷格，餐桌旁邊有他真人大小的立牌，水池旁邊也有他的特寫照片，克雷格的腦袋還從每一個馬桶後面探出來張望。無論走到哪裡都無法擺脫克雷格的臉，比參加派對的客人還多，簡直太不可思議了。

好戲還在後頭呢！第二天是新年，天剛亮，基斯就叫醒了克雷格，讓他幫忙。他讓克雷格開車帶他到克利夫蘭電路城去一趟。當他們走進商店的時候，他讓克雷格抱著自己那些照片，還到店裡去。原來先前基斯和店主說好，他會讓克雷格本人親自來歸還這些印有克雷格照片的宣傳品。他們邁進商店大門時，基斯拍了拍站在櫃台後面一個十幾歲的小姑娘的肩膀，接著摘掉克雷格的帽子（他把帽檐壓低，一直遮到下頦），說道：「喂！你認識這個傢伙嗎？知道他是誰嗎？」女孩有點不好意思，睜大眼睛看了看，然後靜靜地說，她知道他是誰，這張臉她已經看了好幾個月了。一陣尷尬和沉默，只有基斯開心大笑。為了上演這齣搞怪的鬧劇，他精心策劃了好幾個星期。現在他站在那兒高興大笑，陶醉在勝利帶來的喜悅之中。

這就是我們弗萊厄蒂—基什曼家族裡的男人們會耍的把戲。在我們這個大家庭裡，女人們總是製造一齣齣瘋狂鬧劇，而男人們也頗有創意地安排自己的演出。克雷格在被迫演出時，也體會到了樂趣。如今他已經加入基斯的陣營，而且聲稱基斯舅舅已經榮登他心目中全世界最受喜歡的人物排行榜前十位。

要想真正成為一家人，至關重要的一點就是要徹底融入其中，成為其中的一員。而所有的家庭成員定期團聚在一起是確保這個大家族完整的關鍵。

原諒不美好

悔悟是基督教世界中十分華麗的字眼，我不喜歡使用華麗的宗教術語，因為它們不能確切表達意思，而且華麗的辭藻讓明白的人更明白，糊塗的人更糊塗，沒有多大意義。詞語應該盡可能清楚表達特定的感受、觀念、想法，好讓說者和聽者、作者與讀者產生共鳴，並帶來希望。

以前我對於悔悟這個詞一直很反感，不過當我終於弄清它的真正涵義時，原先排斥的情緒便消除了。悔悟的瞬間是深具魔力的神奇時刻，彷彿一道靈光忽然照亮心靈深處的黑暗角落，使我清楚認識到自己的無知怎樣奪走了我生活中的平靜與喜悅。

馬婭・安傑盧曾給了我一些婆媳關係的深刻啟示。安傑盧在她的著作《致我女兒的信》中講述自己第一次去塞內加爾參加一場晚宴時的經歷。那場晚宴是她一個非常富有並且深諳人情世故的朋友舉辦的。當安傑盧走進女主人豪華的宅邸時，發現那些舉止優雅的客人們都小心翼翼地繞過鋪在地板中央的那張美麗、昂貴的地毯，留心不把它弄髒。女主人竟然把物質看得比客人們的感受更重要，這令安傑盧感到驚詫無比。於是安傑盧決定用自己的實際行動去反對女主人這種淺薄的做法。她踩在地毯上，並且反覆踏來踏去，旁邊的客人都露出無奈的笑容，安傑盧也向他們報以微笑，並且為自己大膽的行為感到自豪。她希望其他客人們也能夠意識到，地毯是鋪在地上讓人在上面行走用的。踩完之後她和別的客人們一同站在一旁，她昂首挺胸地站著，覺得自己的所作所為很有道理。

過了幾分鐘，僕人們進來一聲不響地捲起地上的毯子，然後拿走，緊接著重新鋪上一張同樣精美的地毯。之後他們開始小心翼翼地把盤子、玻璃杯、葡萄酒、米飯和雞肉擺在這張重新換上的毯子上。這時邀請安傑盧前來赴宴的女主人一邊鼓掌歡迎，一邊熱情洋溢地宣佈：現在他們準備用塞內加爾最豐盛的佳餚款待來自美國的姐妹馬婭．安傑盧。接下來她請所有客人就座。安傑盧頓時羞愧萬分，滿臉通紅。

她居然用自己那雙骯髒的鞋子在女主人精緻的桌布上踩踏。講完這個故事後，她總結：對於自己並不熟悉的文化，千萬別莽撞，不要冒冒失失地標新立異。成熟的最高境界其實是天真。

我和克雷格剛結婚時，我把他家沿用的習俗當成一種陌生的文化。我們兩家的交流方式、慶祝方式、用餐時間甚至表達愛的方式都是不同的，而我難以接受這些差異。在我看來，差異就意味著錯誤。因此，我不僅事事多心，總覺得自己受到了傷害，而且還千方百計試圖改變他的家人。我認為他們在為人處世、對待婚姻問題和處理父母與子女、祖輩與孫輩的關係上，都是錯的，便提出自己的見解，堅持自己的主張。其實我的這一系列做法相當於用自己骯髒的鞋子在我婆婆的桌布上踩來踩去，而那張桌布是她花了幾十年的時間精心編織的。

我想，自己曾經拒絕婆婆的一切，肯定深深傷害了她，但她仍給了我和克雷格時間和機會，讓我們慢慢適應，由我們來解決這些問題，她就那樣退出了。我覺得她一定是好不容易才下定決心那樣做的，我希望自己將來不會有那樣的遭遇，我希望自己未來的兒媳從一開始就比我更聰明、更和善。不過也許她只能像我這樣，渴望自己創造一種新花樣去編織生活，然後漸漸領悟其中的道理，也就是說，她必須先在我的毯子上踩一回再說。

對一位年輕的母親和妻子而言，創建一種適合自己的生活模式是相當不易的。我需要花費許多時間與精力，耗盡心神才能創造出自己的節奏與風格。這樣說來，為了發現真正適合自己的模式，或許拒絕舊有的模式也是必要的。

只有經過漫長的過程，才能真正有所悔悟。但那道靈光值得我們歷盡千辛萬苦去爭取。安傑盧女士，謝謝你引領我走上悔悟之路。

我不大會給別人建議，因為我總在今天發現昨天的我是多麼的無知，這也證明我一直在進步，我還是有希望的。但同時說明我對目前的狀況還認識不足，不過即便如此，我還是有把握提出以下兩點建議：

婆婆們，默默關注你的兒媳，讓她自己學著編織生活吧。當她犯錯時，讓她自己去發現這些錯誤。讚賞她，告訴她她織出的花樣是多麼的美。對她和藹親善，端杯茶給她，要善解人意。

兒媳們，注意觀察你的婆婆，她用了一生的時間編織出的毯子有多麼的美。記住，她的花樣由來已久，沿用至今，這種樣式不需要改進。對她要尊敬親切，她把自己耗費終生編織的毯子、她創造的傑作，給予了你，在夜間給你帶來溫暖，對此你要心存感激。將來有一天，你也要把自己畢生的傑作贈予別人，要善解人意。

容易上當受騙的傻瓜

剛才克雷格進家門時，帶回來一個新的真空吸塵器。這是他在我沒有提出任何要求的情況下，主動買給我的。我一直認為用吸塵器打掃居家就和研究廚藝一樣，是愛炫耀的人才願意做的事，而且那些人可不像我這樣容易留戀過去。

家裡的地面就像一部這個家庭的歷史。房間這一角有上個月看電影時吃的起司餅乾，而在另一邊的地毯下面有上次感恩節時做的亮晶晶小飾物，我覺得這樣很可愛。由於我不會整理照片或者收集全家福做相簿，所以我和克雷格晚上時常坐在沙發上，凝望一堆又一堆隨手放在地板上亂七八糟的雜物，以這種方式緬懷過去。我們覺得這是非常特殊的時刻。但如果你喜歡用吸塵器清掃房間，也不必為此而感到自己缺少了什麼重要的體驗。我只是想說，孩子們一天天很快地長大，這些地板上記錄下的時光可以成為美好的回憶。

幾年前，我逐漸發現朋友們並不看好我用地板收藏回憶，他們反對我把地板當成剪貼簿，因為他們喜歡用吸塵器打掃居家。他們的地毯總是那麼乾淨、整潔，而且會留下剛剛清潔過的漂亮痕跡。於是我對於自己亂七八糟的地毯覺得有點介意。也許你會以為既然我為此而感到不舒服，那麼就應該拿起吸塵器，認真打掃一番，但你錯了，我覺得自己的吸塵器又笨重又醜陋，一拿起來，心情就變得沉重。只要我拖著它邁上兩級台階，就忍不住大聲抱怨、詛咒連連。耶穌說過，倘若你的吸塵器讓你怨氣沖天，就把它鑿碎，大概就是這個意思。由於我很愛耶穌，所以使用吸塵器的事情我根本不予考慮。當然，如果你的確用吸塵器清掃房間，也並不代表你就不愛耶穌。既愛用吸塵器又愛耶穌的也大有人在，只能說可能性不大，或者說不大可能。

不管怎麼說，我應該重新考慮一下怎樣使用吸塵器這件事。有一天，我看到蒂什把洋娃娃放在一輛粉色的折疊式嬰兒車裡，推著它在客廳裡蹓躂。我注視著她，忽然我的視線落在她身後的地板上，發現車輪碾壓在地毯上的痕跡簡直和吸塵器留下的剛剛清潔過的漂亮痕跡一模一樣。於是我暗暗決定就這麼辦！

在過去的三年裡，每次克雷格出差回來以前，我都假裝成一位稱職的主婦。我總是把蒂什叫過來，問她想不想帶著洋娃娃散散步。這時蒂什就會問我：「是隨便走走還是認真地踏步呢？媽媽。」我會回答說：「認真踏步，親愛的。」蒂什兩歲時，我教她認真踏步就是把嬰兒車來來回回反覆碾壓過地毯，讓兩排車輪的痕跡完全平行。就這樣，三年來，媽媽一直坐在沙發上，看著蒂什和她的洋娃娃「打掃」，並為她加油。等到克雷格回家後，他就會驕傲地感歎：「哇！你用吸塵器清掃房間了！」當我沒靠別人幫忙就自己切好番茄，他也是用這種自豪的口氣，我就會不好意思地笑笑，羞愧地垂下眼瞼。我無話可說，我能說什麼呢！

我覺得自己簡直創造了一個奇蹟。但有一天晚上，我發現克雷格若有所思地望著地板。我立刻驚恐地意識到，他終於還是注意到了那由吸塵器製造的漂亮痕跡旁邊有一堆堆亂七八糟的雜物，這可不妙。我想搶先一步把這解釋成為一點小小的美中不足，就咕噥道：「那個破吸塵器壞了。不過留下的痕跡倒挺清楚的，是吧？瞧！快看電視！《鯊魚週》開始了！」我已經用這種換湯不換藥的陳腔濫調敷衍他三年，而且每次都成功搪塞過去。

因此，有一天，當克雷格帶著這個出乎我意料的吸塵器回來的時候，我懷疑他對我打掃的事起了疑心。於是我仔細地端詳他臉上的表情。可他卻立刻說道：「你看！這個你用起來會方便得多！那個破吸塵器給你找了那麼多麻煩，還害得你達不到想要的效果。」我發現他說這話時，嘴角流露出了一絲淡淡的得意假笑，而且眉毛輕輕挑了一下，這個表情幾乎難以察覺，但還是被我捕捉到了。我的第一反應是：他發現了！他知道我利用嬰兒車的伎倆了，我的詭計被戳穿了。但我的第二反應是：哦，這個可憐的傢伙不知道我是怎樣的一個人，到底做了些什麼事，他小看我了，把我對生活的態度想得也太簡單了，他什麼也沒發現。

後來有一天，克雷格上班之後，我告訴蒂什要給她一個驚喜。我對她說，現在她已經是個大女生了，應該把那個小嬰兒車讓給艾瑪，而我要送給她一個屬於大女生的嶄新嬰兒車。我向她解釋說，這輛大女生的嬰兒車和小女孩玩的小車截然不同，還會像小汽車一樣發出很大的聲音！因為它有馬達。現在開始認真地踏步吧！寶貝。向前、向後，向前、向後，動起來！

重生

我和克雷格從來沒有一首屬於我們自己的主題曲。也許我們熱戀時曾經有過，但由於那時我們整天醉醺醺的，頭腦始終不太清醒，所以有關當時的記憶早已模糊不清。而且那時我們的品位也許有問題，即使選一首「愛的主打歌」，大約也只是史諾普．道格或者小甜甜布蘭妮之類的。

幾個月前，一個朋友傳給我一首歌，她一聽到這首歌，就立刻想到了我們倆，我頓時非常激動，迫不及待想看看別人眼中的自己究竟是什麼樣子，畢竟我們誰也不知道自己到底是以什麼樣的形象出現在別人面前，這個念頭令我興奮不已。

我迫不及待想聽那首歌，但點選連結後卻無法播放，於是我大聲咒罵電腦。克雷格聽到我咆哮趕快跑下樓，他輕輕滑動滑鼠，歌曲便立刻響了起來。我一邊聽，一邊用眼角的餘光偷偷窺視他的表情，想知道他有沒有流露出每次幫我做點事之後的那種自鳴得意的神色。我討厭他那種裝模作樣的神態，真讓我受不了，可這樣的事情，偏偏每天都要碰到幾百次。

我們一起聽著那首歌，我興奮得直冒冷汗。我們反覆播放了六遍，覺得約翰．普萊恩的這首歌簡直就是專門為我們倆打造的。這首歌曲的名字叫作《西班牙白日夢》，講的是有個傢伙走進一家酒吧後，遇到了一位上半身裸裝的舞女正在酗酒，她的樣子看起來似乎對生活抱有一些怪誕的看法。見到這樣的女人，他本應該有所戒備，立刻掉頭跑掉，但出乎意料，他竟然娶了她。婚後他們在鄉下買了一棟房子，每天坐在家裡看電視，生了一群孩子，孩子都喜歡吃桃子，他們最後依靠自己的力量找到了耶穌。

顯然，我們倆與這首歌中的那對夫妻還是存在一些區別的，比如，我們喜歡吃梨，而不是桃子，但其餘部份都差不多。

克雷格也像我一樣喜歡這首歌，他感動得熱淚盈眶，於是我們決定把它定為我們的愛情主題曲，我們終於有了「愛的主打歌」。

我本來覺得這一切都非常美好，但那天晚上就在我們準備上床睡覺時，克雷格漫不經心地問了我一句：「明天你準備寫點什麼？」我回答：「愛的主打歌。」接著他又隨口問了一句：「『愛的主打歌』是什麼呢？當時氣得我忽然停下手裡的事，用憤怒又嚇人的眼神瞪他，頓時他完全不知所措，茫然又驚恐，他不知道我為什麼會生這麼大的氣。

接著我把早上的情節在腦海中重放了一遍，這才發現很多之前忽略掉的細節：其實在我們聽歌的整個過程中，克雷格一直玩手機打電話；我回想起他的面部表情，似乎他對那首歌並不感興趣；我又想起他始終「嗯嗯啊啊」來敷衍我，頭都沒抬一下。沒錯，就是這樣。真不知道類似的情況出現過多少次，可能有很多我們之間的美好回憶都是我虛構出來的，不過我並不想追究。如果我覺得我和他共同渡過了一段美好時光，就總是假裝他也和我一樣投入。

在我們結婚後的前九年裡，對於這種疙瘩，往往一笑置之。那時我想，男人嘛，都是這樣的，但最近我卻越來越在意了。我和克雷格之間有兩個始終無法解決的問題：當他沒有認真傾聽我說話時，我會感到很失望；而當我不願和他親暱時，他會很沮喪。現在我逐漸認識到，其實這兩個問題之間是相互聯繫的，都和親密感有關，而我們之間缺乏親密感。我們說話並不投機，就像分別坐在兩架飛機上交流，我的飛機時忽高忽低，而他的飛機始終處在不高不低的高度上，我們根本無法真正溝通。做愛時也不親密。

我認為我們沒有在心理上建立起親密關係，而克雷格卻十分在意身體上的親密感，我覺得這簡直不可理喻。如果我們在廚房、客廳、後院、餐桌上都不能交流，那麼我們在臥室裡也是一樣，只不過是照章辦事。但克雷格似乎覺得這樣就足夠了，好像在這件事上結果比過程更重要似的，我對此極為不滿。我希望無論在哪裡我們都可以親密無間，如果無法實現這一點，就不要假裝親密，這種假裝親密使我無法忍受。我覺得親密感一定要透過相互交流才能培養出來，只有透過寫出來、說出來或者用肢體表達出來的語言，才能走進對方的大腦與心靈。

一位與我親密無間的朋友會把我告訴她的重要事情銘記在心，因為她明白，我告訴她的每一種體驗、每一個故事、每一個祕密都是我送給她的禮物，所以她不會把這些隨意丟掉。她會把我送給她的禮物保存在心裡一個特殊的位置上，永不遺失。親密無間的朋友會促膝談心、互訴衷腸，然後成為對方的祕密保管員。我們會知道彼此以後要做什麼，因為我們知道彼此以前做過什麼，而且一個眼神、一個表情就可以明瞭彼此。當一群人一起用餐，只要輕輕眨眼，彼此就心領神會。

我和我的好友之間就有這樣的心靈感應，這種無間的情誼使我感到踏實而溫暖，是一份特殊的禮物。當我和好友聊天時，她不僅認真傾聽，把我告訴她的事情牢記在心，而且會仔細琢磨我說的話，向我提出問題，並不時發表意見、提出相應的建議。我非常信任這樣的朋友，可以毫無顧慮敞開心扉。

但我和克雷格之間就不是這樣，有時我告訴他一些在我看來非常重要的事情，但他很快就會忘得一乾二淨。克雷格也許不記得我曾告訴過他，我八歲時養了兩隻貓，一隻叫笨笨，一隻叫黑黑。笨笨生了一窩小貓後，把小貓藏在臥室的壁櫥裡，我始終找不到小貓，死了好幾隻之後，只剩下一隻還活著我才發現。於是我立刻給值夜班的獸醫打電話，他們教我用眼藥水滴管餵小貓脫脂乳，我一一照做，好幾天都沒有離開小貓身邊，而小貓終於活下來，取名叫奇蹟。儘管我很細心照料，但奇蹟畢竟大腦受過損傷，所以會攻擊家裡除我以外的所有人，不過這一點卻使我更加疼愛奇蹟了。我想奇蹟一定是把我當成了牠媽，但不幸的是，三年後，奇蹟在我家門前車禍喪生了。

克雷格也許不記得我家的舊帆船叫什麼名字，他不記得我初中和高中最要好的朋友是誰，也不記得我是什麼時候患上暴食症的，更不記得我在匿名戒酒聚會有過什麼經歷。我曾把自己人生中覺得重要的事情都告訴他，這些都是我送給他的禮物，但他卻把它們輕而易舉地丟掉了。這使我感到他並不在乎我，因為這些事情在我心中佔有重要地位，它們構成了我的人生。這些經歷造就了今天的我，使我不同於他認識的其他人，也使得我們之間的關係有別於他和其他人的關係。因此我不禁納悶：如果你不清楚我的經歷，如果你並不真正瞭解我，那麼你為什麼要愛我，你愛的到底是我這個人，還是作為你妻子身份的我？

有時克雷格似乎也很用心在記，他集中注意力，仔細聆聽我的話。但即使這樣，我仍覺得他的回答聽起來心不在焉，簡直就像占卜遊戲機給出的答案。我完全可以預料他會怎麼回答我，因為他並沒有認真思索我的話，不像我的女性朋友們那樣誠懇，只是應付差事一樣敷衍我，僅此而已。

他這樣做，導致的惡果就是我不再把生活中重要的事情告訴他，和他一起分享，不再把這份異常珍貴的禮物送給他，因為我覺得那樣做是在浪費時間和精力，好似白天堆起一座沙土城堡，而到傍晚就會被風吹散。於是現在我們只是照表操課，做夫妻應該做的事情：每天聊十分鐘，一週做愛兩、三次。我不再向他傾吐心事，分享感受和想法，而是把所有心裡話都留給了妹妹、父母和好友們。

我的要求是不是太高了？我是不是在要求我丈夫像個女人一樣和我交流？是不是男人根本就無法像女人那樣懷著一顆細膩而真誠的心去互相溝通？倘若我並不要求克雷格在心理上和精神上和我建立起親密無間的關係，那麼他是不是就沒有資格要求我和他在身體上擁有親密感？我無法容忍在臥室裡照章辦事，那會使我有種被利用的感覺，我會非常憤怒。於是我們之間就只能這樣：

克雷格在愛撫我的時候，我經常退縮。他擁抱我的時候，我善解人意地忍受，而視線卻越過他的肩膀落在沒有清洗完的碗碟和地板上凌亂的玩具。他在廚房吻我的時候，我感覺這個吻並不帶有任何感情色彩，甚至毫無意義。既然如此，我只想終止這種虛假的情感交流。於是有時他下班回來一進家門，我就開始抱怨自己心力交瘁、疲憊不堪，為之後的拒絕找好藉口。

每當好幾天我們都沒有肌膚之親，再也找不到迴避藉口時，我就會在他接近我的時候儘量以貌似愉快的態度迎合他。但之後，我往往就會非常生氣。

有時我只有一點點怒氣，但當我照料了孩子一整天後，已經筋疲力盡，想到還要滿足他的需要，便非常生氣，特別惱怒。難道我們就不能做點有實際意義的事情嗎？我還有很多事情沒有做完：烘乾的衣服還沒有摺好，明天的午餐呢？還有一些表單沒有簽字……做完這堆事情我才能睡覺，哪有心思去做這種沒有意義的事情呢？而且我們已經有好幾個星期沒有好好聊聊了。在這種情況下，性愛又能帶來什麼樂趣呢？你要的究竟是我，還是性本身呢？這牽涉到我們之間親密感的本質問題，你想過嗎？你自己心裡清楚嗎？

結婚前，我們在和別人戀愛時，始終抱著不負責任、漫不經心的心態依靠直覺和對方交往，誰也不曾有過親密無間的戀人。比如說，我們和別人做愛的時候，從來不能和對方有眼神的交流，因為那樣會給我們一種不是太真就是太假的感覺。由於我們始終沒有學會如何與對方建立起親密感，所以結婚這麼長時間以來，我和克雷格也無法建立起情感上的親密關係，身體上的親密感只能帶給我一種非常虛假的感覺，而這虛假的性愛相當膚淺。

一天晚上，克雷格又忘掉了我曾經告訴過他的一件十分重要的事情，我心裡很不舒服。第二天早上，我很早就醒了，於是起床把我在前文中提到的那一切都寫了下來，然後傳給他。我覺得現在是把這些話說清楚的時候了。由於他當時正在工作，所以我在標題加上一句：等你有空再讀吧。

兩個小時後，我收到了他的答覆：

親愛的格倫儂：

你寫的這一切令我感到無比痛苦。現在我的心情相當複雜，困惑、沉重、憤怒，我對我們之間的關係感到十分迷惘，完全不知所措。我一邊讀一邊思索著出現這些問題的根本原因是什麼。我到底怎麼了？是記憶力衰退，注意力無法集中，還是因為我每天都感到壓力很大，所以腦子裡總是一片混亂？是不是我太過擔心會失去以往的一切，還是由於我總是擔心你和孩子們會突然離我而去，我把所有的心思都耗費在憂慮上，結果卻適得其反，反而把咱們的感情弄得一團糟？蔡斯出生前我就有過這樣的想法，不過上帝並沒有讓我擔心的事情發生，感謝上帝。

我的所作所為令你很失望，也很對不起我們這個家庭，但我不會自暴自棄的。我非常愛你，所以我會一直努力改變自己。我不會像以前那樣，遇到困難就臨陣逃脫，我會改變自己，勇敢面對自己內心的恐懼，但我需要你的說明。

希望你能給我一次機會，我想和你一起坐下來，聽你給我講述你的人生。我渴望把你當作我剛剛邂逅的戀人，重新瞭解關於你的一切。我想一邊做筆記一邊學習（不要笑我，我是認真的）。我要鉅細靡遺地弄清一切，就像準備期末考試那樣認真研究你。對於我來說，透過這場考試是我人生中最重要的事，我一定會和你建立起終生的親密關係。雖然時光不能倒流，不可能回到二〇〇一年，甚至連上個星期也不行，但我想把自己沒有做好的事情從頭來過。我們可以從頭來過嗎？

愛你的克雷格

可以的，我們可以的。

含苞待放比盛開綻放需要更大的勇氣，也更加痛苦。

——阿娜伊絲・寧

情況的轉變是需要時間的。那天晚上，克雷格回家以後，我們假裝什麼事情都沒有發生，也沒有從對方的眼神中看出任何悲傷、沉重、憤怒和恐懼的情緒。整個晚上，我們都在避免和對方目光接觸，並且很早就睡覺了。第二天，我們原本計劃開一個生日派對，早已邀請好一屋子客人，儘管現在我們沒有心情慶祝，但取消已經來不及了。克雷格在派對上一直不見蹤影，最後我終於在樓上的洗手間裡找到他，我問他：「你還好嗎？」

他回答：「不，我不好。這是我一生中最糟糕的一天。我覺得很孤獨。你就是我的一切，但如果你不願意和我在一起，我也不會勉強你。我擔心自己永遠也不能成為你期望中的樣子。也許現在我應該放手，因為我覺得自己不過是在為一個永遠也無法實現的目標而努力。」

他說著說著就哭了，哭了很久。但我卻沒有哭，一滴眼淚也沒有，我完全不想哭，這使我有點害怕。我覺得自己像個局外人一樣望著克雷格，一個好奇而富有同情心的觀察者。這時我忽然發現，也許在我們缺乏親密感這個問題上，是我們共同的責任。

我拉起克雷格的手，對他說：「一切都會好起來的。現在我們得走了，大家都在等著我們去拆禮物呢。」於是克雷格擦乾眼淚，和我一起走下樓。我們一同唱歌、歡笑，全家人一起合影，把照片上傳臉書。

第二天清晨，我和克雷格一起坐在教堂裡，聆聽我們的牧師朋友講復活節的故事。她說，對基督徒而言，復活節意味著逝者能夠死而復生，已經破碎的感情也可以死灰復燃，凋謝的花朵如果得到了足夠的照料和愛，過些時候也可以重新盛開。復活節象徵一個新的季節即將來臨，一件事情的終結也許意味著另一個事物的開始，希望永遠存在。她還說，星期日不久就會到來，但我們不能快轉，越過星期五和星期六。復活前必先經歷苦難，人生在世就是如此。只有你目睹了痛苦的真相，直視痛苦，向痛苦敞開心扉，才能夠迎來奇蹟。倘若你逃避苦難，就無法重生。而我逐漸認識到，復活前必須經歷的那段痛苦掙扎，是一個十分漫長而磨人的過程。

我們開始一起接受心理治療。不久後的一天，克雷格終於向我坦白了真相，我簡直無法相信自己的耳朵，原來我們之間缺乏親密感是由於他很久以前就背叛了我們的婚姻。看來我一直以來的直覺沒有錯，我們之間在心靈和身體上的距離從一開始就確實存在，是謊言拉遠了我們之間的距離。我早就意識到我們的婚姻存在嚴重的問題，知道我們對這樣的婚姻生活都感到不滿，但在我瞭解真相之前始終找不出根源，不明白為什麼我們無法靠近彼此的心靈。這個駭人的真相令我驚愕萬分、痛苦無比。

我要克雷格立刻搬出去，並要求他在接受強化治療前，我是不會和他說話的。於是他接受了治療，之後他覺醒了，終於決定洗心革面，為我們的家庭而努力改變自己。

他剛剛離開的時候，我先是決定和他離婚，然後又決定原諒他，接著又決定殺掉他，最後我決定暫時不做出任何決定了。我試著靜下心來，聆聽自己內心的聲音，那個聲音柔聲細語地告訴我不要逃避，要熬過今天，撐過明天，一天天堅持下來。

我又想起牧師講述的關於復活節的故事。她說，即使凋謝、枯萎的花朵也可以重新綻放。只有在經歷星期六以後，復活節的星期天才會到來；只有在經歷苦難、體驗痛苦之後，才能復活重生。

現在我與克雷格的婚姻走到了星期六，我們還需要經歷治療和等待，體會悲傷與痛苦，攜手一起堅持走下去。每當我想要逃避的時候，我就會想起我買新自行車的那天晚上亞德莉安娜對我說過的話：「當你覺得自己要摔倒的時候，不要掙扎，順著自己要倒的方向摔下去，你會沒事的。」其實我非常喜歡看著別人一點一滴地轉變，最終實現精神上的飛躍，現在我也希望親眼目睹克雷格循序漸進的變化。一位禪宗大師曾對吉甯．羅斯說過：「證悟就是目睹一樣事物從始至終的變化。」

記得我曾在什麼地方讀過，上帝會派使者來到我們身邊，成為我們的夥伴，幫助我們從創傷中恢復過來。我的經歷就驗證了這一點。但有時恢復的過程太令人痛苦，這位夥伴無法承受，這時就剩下我們一個人披荊斬棘繼續前行。對此描述我完全理解，不過幸好上帝不停派使者來拯救我們，一個離開後，又一個就會到來。他沒有為我們犯下的過錯懲罰我們，而是一直給予我們希望。他派不同的使者來到我們的身邊，其中有姐妹、好友、陌生人、作家、藝術家、老師、治療師、音樂家，還有小狗。不過如果我們想要得到最終的救贖，就必須依靠自己的力量堅持下去。只有我們穿越痛苦，經歷這個漫長的過程，才能實現最終的蛻變。

昨晚我和克雷格一同出去吃晚飯。我們坐下來後，克雷格拿出一個筆記本和一隻鋼筆，說道：「好，現在讓我們從頭來過。告訴我關於你的一切，和你有關的每一件小事，同時我也想讓你瞭解我，真實的、本來的我。我們慢慢來……先說說，在你出生前，你父母在什麼地方工作？他們是怎樣開始約會的？我會把這些都記下來，過後慢慢琢磨。不要取笑我，我希望咱們倆都能夠瞭解並記住關於彼此的一切。」

復活節快樂！

讓我們用愛傾聽彼此

有一對夫妻結婚已經十二年了。婚後的前兩年他們過得還算幸福，但孩子出生後，他們的生活變得拮据，兩個人都忙於生計，工作很辛苦，彼此之間相處得越來越不愉快，關係也就漸漸疏遠了。過去她是一個沉默、堅強的人，現在變得冷漠無情。曾經他是一個充滿激情與愛的人，現在變得做作、苛刻。他們開始互相厭惡，不再關心對方，心裡只想著自己。

他們兩個人之間的距離越來越遙遠，到了後來，即使兩個人共處一室也不會觸碰對方。結果有一天，她對她的好友說：「我不再愛他了，我覺得這樣很可怕。」他也對他的好友說：「我不清楚自己到底有沒有愛過她。」於是她的朋友和他的朋友都建議他們去接受心理治療。但他們之間的問題好像太糾結了，很難解決。

有一天晚上，她下班回家後，先給孩子們做飯、吃飯，然後照顧孩子們上床睡覺。忙完這一切，她已經筋疲力盡，而他還沒有回來，他總是很晚才回來。她知道，即使他一進門就看見家裡一團糟，也會先倒一杯葡萄酒，悠然自得地坐在廚房的餐桌邊放鬆一下。他一定要坐下來休息一會兒，而她已經不記得休息是什麼滋味了，無論如何，家事總得有人做。每天她先是累得半死，然後就像個死人一樣睡過去。

她呆呆地凝視著他放在櫃檯上的酒瓶，然後目光漸漸移到牆上他們兩個人的結婚照。那時我們很天真，她思忖著，儘管未來一片朦朧，但我們卻很開心。那時我們對未來充滿希望，我們很快樂。上帝啊，請幫幫我們吧，她在心裡默默祈禱著。

「唉！」她歎了一口氣，走到櫃檯前，倒了一杯酒，放在餐桌上他的書旁——他喜歡坐下來休息的地方，然後無可奈何地上樓睡覺去了。十五分鐘後，他躡手躡腳地進了家門。他知道自己沒在孩子睡覺前回來，她肯定又在生自己的氣了，他又要忍受她冰冷的沉默。他把外套掛好，輕輕走進廚房，突然發現她已經為他把酒倒好，把書放好，把椅子拉出來。他站在那兒，呆視著眼前這一切，深深地陷入了沉思中。

這樣的感覺，就彷彿長久以來她第一次開口直接和他說話。

他坐下來，拿起酒杯，舉到嘴邊，但今天他沒有邊喝酒邊看書，而是一直在思索。他腦海中浮現出她辛勤工作的樣子，每天黎明起床，送孩子們上學，之後又匆匆趕到公司去上班。想到這些，對她的感激之情油然而生。喝完酒後，他走到咖啡機旁，裝好咖啡豆，把自動計時器設定在清晨五點半，這樣她起床下樓時就有煮好的咖啡喝了。接著他把她最喜歡用的馬克杯放在櫃檯上，然後踮著腳尖走上樓，輕輕地躺在了她身邊。

第二天清晨她起床後，迷迷糊糊地帶著睏意下樓走進廚房。咖啡機咕嘟咕嘟的聲音使她停住腳步。她盯著咖啡機呆了片刻，一時之間無法回神。她覺得似乎這是很久以來他第一次開口和她說話，心中升起一絲感激之情。

那天晚上，他們一起準備晚餐，胳膊輕輕地互相碰觸，誰也沒有退縮。孩子們睡覺以後，她並沒有立刻睡下，兩人就像過去一樣並肩坐在電視機前的沙發上，他摸索著找到她的手，這一步對他來說很不容易，但他做到了，而她也覺得自己找到他的手了。

堅冰一點一滴融化。

當兩個人之間的關係如此糾結、如此緊張時，當問題複雜到令人一片茫然時，想要化解衝突太難了，連想理出一絲頭緒都難上加難。不過我想告訴你，在這種情況下，你們之中一定要有一個人先去倒那杯酒。如果你愛對方，就不要等待、希望、夢想著他或她去為你做什麼，你要先行動起來，為他或她做點什麼。

第三章

在崩潰邊緣發現愛：那些孩子教給我的事

請不要對我說活在當下

每次我帶孩子們出去，都會碰到這樣的事情。

有一次，一位老婦人在我們面前停下腳步，對我說：「哦！享受你現在擁有的一切吧，時光飛逝啊，孩子們很快就會長大。」無論我走到哪，都會有人告訴我把握眼前這一刻，享受現在每一秒，珍惜當下的快樂時光，開心一點，如此云云。

我知道給我建議的人都懷抱善意，不過我還是不得不承認這個建議並不適合我。類似「活在當下」的忠告使我心煩意亂，尤其是現在，正當我撫養年幼孩子的時期更是如此。由於我周圍絕大多數人都以這樣或那樣的方式告訴我，要「享受眼前的美好時光」，所以我內心非常糾結。如果我沒覺得撫養、照料孩子是一件美好的事情，如果我不陶醉其中，那是不是就表示我有問題？

我認為撫養小孩就像攀登珠穆朗瑪峰。只有勇敢且具備冒險精神的人才會大膽去做，因為他們聽說這是一段神奇的旅程，他們相信完成這項事業或者下定決心本身就是一項壯舉。如果他們在攀登時停下腳步，品味並思考自己所經受的痛苦，會發現周圍的景色令人心曠神怡，或是因為某些特殊的時刻使他們覺得歷盡千辛萬苦也值得。這些特別的時刻令他們無比感動與振奮，以至於他們剛剛攀上頂峰，就立刻決定重攀一次。即使一路上充滿艱難險阻，整個過程令人精疲力竭，他們仍要擦乾眼淚繼續向上攀登。

所以我覺得在攀登珠穆朗瑪峰的過程中，如果沿途每隔十幾公尺就有人衝著登山客大喊：「你玩得開心嗎？你現在應該感到快樂！如果你沒有領略到快樂，遲早有一天會後悔的！相信我們的話吧！時光飛逝啊！把握當下！」我可能會把這些人推下山谷。

不過現在我並不建議要把這些提倡享受當下的勸世大嬸推下山谷，她們顯然都很好心。上個星期，我帶著三個孩子在塔吉特百貨買完東西排隊結帳時，一個女人走到我身邊，把一隻手放在胸前，對我說：「親愛的，但願這些孩子能給你帶來樂趣。我喜歡和我的兩個女兒在一起，我們共渡的每一秒、每一刻都那麼美妙。時光飛逝啊，孩子們很快就會長大，這段時間轉眼就會過去。」她說這話時，艾瑪從隔壁購物車上偷了一個胸罩，正往身上戴，還舔著一根肯定是從地上撿來的棒棒糖；她的頭髮上戴著三根凹來的霓虹羽毛髮夾，看起來就像選美比賽中鬥輸的佳麗；蔡斯已經無影無蹤；排在我前面的女人想用刷卡機上面的筆，但蒂什把筆放在嘴裡啃個沒完。我只好面帶微笑和那個勸世大嬸說：「謝謝，我也是。我也很享受當下，尤其是現在。嗯，謝謝。」不過這並不是我的真心話。

當有人問桃樂絲・派克爾她是否熱愛寫作時，她回答：「不，但我喜歡寫作完成後的那種感覺。」所以我真的想對這位可愛的勸世大嬸說：「是嗎？其實你真正享受的是把孩子養育成人之後的成就感吧？」我喜歡寫作完成後的那種感覺，也享受把孩子養育成人之後的成就感。我覺得一天之中最幸福的時刻就是把孩子們都弄上床後，和克雷格一起窩在沙發裡看《換妻俱樂部》之類的電視節目，然後互相恭喜對方終於渡過今天。

每當我寫下這樣的文字時，讀者就會抱怨我這些想法太消極了。我曾收到過四、五次：「格倫儂，如果你連眼前這三個孩子都應付不了，幹嘛還想要第四個？」

這句話讓我很不好受，我覺得這樣評價很不公平。作為一位母親，我實話實說，撫養孩子絕非易事，就像很多重要且難度很高的工作一樣。為什麼大家會認為我覺得不容易是因為我的心態有問題呢？或者認為，既然我覺得不容易就絕對不應該再給自己增加負擔。也許我之所以覺得不容易，恰恰是由於我的心態是正確的，而且我很誠實。

克雷格是軟體業務員，如今經濟不景氣，工作很不輕鬆，每天回家後都要訴苦。但我並不認為他的工作態度有問題，他的看法過於消極，或者他不該再增加工作量。他的同事們也不會到他的辦公室去看看他是否很享受這份工作。當然，他的老闆更不會蹓進他的辦公室跟他說：「時光飛逝啊，這段時間轉眼就會過去。你很享受現在的每一刻嗎？克雷格，財政年度評估很快就會過去！珍惜現在的好日子吧！克雷格。」

以往我總是擔心自己不但沒有把孩子照料好，而且也沒有像其他母親那樣從中得到樂趣，這是雙重的失敗。由於我並沒有在養育孩子的過程中，一天二十四小時都沉浸在喜悅之中，也沒有像育兒雜誌上的那些媽媽一樣充分享受每一刻，我只感到心力交瘁、心煩意亂，只盼著這一天趕快結束，所以我十分內疚。另外，我知道遲早有一天，一覺醒來，孩子們都已經長大成人離我而去，我最終也會成為曾經在雜貨店裡碰到的那位勸世大嬸，把手放在胸前。可我會去告訴別人自己曾在撫養孩子時享受每一刻嗎？不，我不會那樣說。

不過我當然也會是一個懷舊的大嬸，但那時的我會懷著清晰的記憶，對那些咬緊牙關辛辛苦苦養育孩子的年輕媽媽們說：「很辛苦吧？我看得出來你是位好媽媽。我喜歡你的孩子們，尤其是那個蹲在角落小便的丫頭，她最可愛了。撐著點，女戰士，再奮戰六個小時就可以睡覺了。」

如果在雜貨店排隊結帳，我還會在對方需要我幫忙時對她說：「我來幫你結吧，妹妹。你先去把孩子們送進車裡，把車門關好。我讓這裡的工作人員幫你把東西送過去。」「享受當下」這句話對我來說，顯然是無用的，我連帶著孩子排十五分鐘隊伍都覺得是一種折磨，更別提享受了，「享受當下」實屬無稽之談。對我而言，生活真正的意義在於：

時間可以劃分為兩種。一種是克羅諾斯時間（Chronos），即正常時間，就是時鐘上顯示的時間，一分一秒靜靜流逝的時間；另一種是凱洛斯時間（Kairos），這是上帝的時間，正常時間之外的時間，一種超自然的時間。在這些神奇的時刻裡，時間可以靜止。我每天都會經歷幾次這樣的魔幻時刻，它們對我而言彌足珍貴。

比如，有時我會停下手裡正在做的事情，端詳著蒂什。我凝視著她光滑的棕色皮膚、精靈般小嘴唇的線條和棕色的杏核眼，聞著她獨有的淡淡體香。在這種時候，雖然我看到她的嘴唇在動，卻聽不到她在說些什麼，我的腦子沉浸在冥想中：這是我今天第一次凝眸細看蒂什，上帝啊！她簡直太美了。

再如，我在雜貨店排隊結帳，收銀員慢吞吞，我便煩躁起來。但當我把目光投向自己的購物車時，就立刻走出了普通的克羅諾斯時間，我端詳著自己購買的一堆健康食品，它們可以強身健腦，為孩子們補充足夠的營養。我能夠帶著足夠的錢在雜貨店裡隨心所欲地為孩子們挑選食物，這是一件多麼幸運的事情。於是我凝視著自己的購物車，感到心滿意足。感謝你，上帝。

當我躺在自己舒適的床上，腳邊臥著我的狗提奧，身邊睡著克雷格。我傾聽著他們倆的呼吸聲，忽然覺得，一個像我這樣的女孩怎麼會如此幸運呢？每晚都可以在這樣的呼吸聲、這樣的愛、這樣的寧靜、這樣的溫暖中入睡。

這些具有魔力的凱洛斯時間總是轉瞬即逝，但我會把它們刻在心上。每當我離開克羅諾斯時間的時候，我總是把凱洛斯這個詞在心中默念一遍。雖然在一天結束時，我並不能確切地回憶起自己經歷了哪些凱洛斯時刻，但我知道自己有過這些超現實的體驗。正是由於它們的存在，所以付出再多辛苦也值得。

如果一天之中我經歷了兩次凱洛斯時刻，在我看來，這一天就算是成功的。享受一天中兩、三次的凱洛斯時刻吧！這對我而言就足夠了。

永遠多給自己一次的機會

我一直認為自己的事情只有自己心裡最清楚，所以只有自己才能提出最有益的建議。因此每當有朋友問我：「你能給我建議嗎？」我會回答：「我沒有具體建議，我有的只是愛，因為我也需要愛。」在這種情況下，我通常會靜靜聆聽對方向我訴說心事，然後慢慢開導她，讓她不停地傾訴，直到她在訴說的過程中忽然發現自己找到了答案。儘管我並不給別人提供具體的建議，但每天都會有人找我提建議，對此我和克雷格都覺得很有意思。有一次，克雷格問我她們為什麼會找我傾訴，我覺得她們找我是因為她們知道我不會自以為是亂下結論，而會給予她們充分的時間和一個安全的場所去發現自己心中存在的答案，其實這才是她們真正需要的。

最近有一位好友，算是與我最親密的朋友，打電話給我，說她在教育孩子方面犯了嚴重錯誤。所謂教育孩子方面的錯誤，指的就是做了一件違背自己原則的事，對孩子造成了極其不良的影響。還有一位朋友，她十分注重孩子的身體健康，有一次，她讓孩子吃了四個冷凍披薩，她認為這是非常嚴重的錯誤，而我覺得這不是什麼大問題。因此，我覺得所謂教育孩子方面的錯誤，對每一位媽媽來說都有不同的定義。於是當那位朋友在電話中告訴我她犯了錯誤時，我只是按照自己的衡量標準回答她道：「這沒什麼，我來告訴你什麼叫錯誤吧。」於是我給她講了一個我犯下的錯誤。其實在這種時候，和對方比誰更差勁是挺討厭的，就像和對方比誰更棒一樣令人心煩。

這位朋友告訴我，那一天她過得很糟糕，身心俱疲，既絕望又無助，所以在孩子犯錯誤的時候，給了他一巴掌。在她看來，這是一個嚴重的錯誤，因為她認為打孩子是不對的。對於動手打孩子這個問題，有些人覺得沒有什麼不可以，有些人則認為堅決不可以。我這位好朋友就屬於後者，所以她現在後悔莫及，來問我意見。我聽了她的話後，立刻給予了她真正需要的東西：愛。給她機會傾訴。我告訴她我在教育孩子時犯了大大小小的錯誤，一天好幾百次，那我會怎麼做。我會提醒自己注意兩點：

第一：我是誰？

第二：在教育孩子方面，我的首要任務是什麼？

首先，我告訴自己我是人，是人就會時常犯錯，人無完人。當我們不順心，就會變得不耐煩，脾氣暴躁、自私，對孩子們失去耐心，這都是人之常情。然後，我告訴自己，我在教育孩子方面的首要任務是教給孩子們怎樣做人。他們會很快一天天地長大，我必須把做人的道理告訴他們。這其中，我認為最重要的一件事就是學會原諒自己。學會原諒自己是他們應該終生銘記在心並且永遠保持的心態。這樣他們才能永遠心存希望、永遠給自己機會。我希望自己的孩子一直能夠做到這一點，這樣他們才能夠從容不迫地沿著人生之路向前邁進。可是想讓孩子們愛自己，我們必須先愛我們自己，給他們做出榜樣，給自己更多的愛，對自己更寬容。考慮到現在的社會環境多麼惡劣，我們更應該學會讚美自己。

最近一本育兒雜誌請我寫一個專欄。我問他們寫什麼內容，他們說：「怎麼讓自己的孩子更快樂。」我說：「我覺得與其說怎麼讓孩子們更快樂，倒不如說先幫助媽媽們變得更快樂。」「你的想法很新穎。」

我們應該記住，即使身為父母，我們依然是人，有缺點的人。人非聖賢孰能無過，犯錯乃人之常情。我們應該讓孩子們明白這一點，學會面對自己做的錯事，這是人生中最重要的一課。犯錯後，我們要道歉，之後要原諒自己，聳聳肩，然後微微一笑，再試一次。

再試一次。

再試一次。

再試一次。

永遠給自己機會！

真正善良的人應該是勇敢的

親愛的蔡斯：

明天是特別的日子，明天你就三年級了。

記得我三年級時，班上有個名叫亞當的小男孩。他和別的孩子都不一樣，總是穿著稀奇古怪的衣服，有時身上還會散發奇怪的氣味。他從來不笑，總是把頭壓得低低的，也從不看任何人。他也從來不寫作業，他的父母肯定不像你爸媽那樣提醒他做功課。班裡其他的孩子都經常取笑他，每到這時，他就把頭壓得更低了。我從來沒有取笑過他，不過我也從沒有勸其他同學不要那麼做。我從來沒有和亞當說過一句話，午飯時也從沒有邀請他坐到我身邊，課間休息時也從沒和他一起玩。無論做什麼事，他都是孤零零一個人，他一定感到非常孤單。現在我有時仍會想起亞當，我想他一定不會記得我。如果那時我邀請他和我一起玩，哪怕只有一次，他也一定會記得我。

我覺得上帝讓別人走進我們的生活中，都是上帝賜予我們的禮物。今年你在班裡遇到的這些同學，也都是上帝送給你的禮物。所以你要善待每一個人，對所有的人都一樣。

孩子，如果你看到誰被冷落、傷害、取笑，我希望你會感到心痛。我和你爸爸希望你能仔細體會那種心痛的感覺，並且懂得這是由於你對他產生了同情心，這種心痛的感覺是上帝給你發出的信號，讓你行動起來。上帝在對你說：「蔡斯！醒一醒！我的孩子受到了傷害！幫幫他吧！」當你對別人產生同情心的時候，就應該祝賀自己。因為那是上帝在和你對話，這很神奇，因為他相信你並且需要你。

神奇的同情心會驅使你立刻把受到傷害的人從困境中解救出來。

同情心也許會讓你挺身而出，阻止別人捉弄那個孩子，並且和他一起玩；也許你會邀請一個落單的孩子坐在你旁邊，和你一起吃午餐；也許你選隊友的時候會先選擇那個總是沒人邀請的孩子。這些事情很難，但我相信你可以。

還有一些時候，儘管你心中很同情別人，但你並沒有立刻行動，這樣也沒有關係。也許你會把自己瞭解到的情況告訴老師或者告訴我們，我們會理解。看到有人受傷而向老師和家長求助並不是打小報告，這是正義的行為。如果你班裡有同學需要幫助，請你告訴我，孩子，我們一起來想辦法幫助他。

如果上帝對你說話，讓你為別人而心痛，使你對別人產生了同情心，那麼你就要做點什麼，不要忽視上帝在你耳畔說的悄悄話。倘若當初上帝告訴我關於亞當的事情，我沒有忽視他的話該有多好啊。我記得上帝對我耳語，記得我對亞當懷有同情心，但最終恐懼還是抹殺了同情心。現在想起來，我十分後悔，亞當本可以擁有一個朋友，我原本也可以多一個朋友。

蔡斯，我們並不在乎你是否是學校裡最聰明的、跑步最快的、樣子最酷的、性格最幽默風趣的。學校裡會舉辦各種比賽，但你有沒有得名都不重要。學科成績是不是最好，足球賽表現怎麼樣，受不受女孩歡迎，是不是老師的寵兒，有沒有帥氣的衣服，收集的遊戲卡之類的小玩意是不是最多的，這些都沒有關係。我們送你去上學並不是為了讓你在各方面都是最優秀的。我們非常愛你，你不必為了贏得我們對你的愛，不必讓我們為你感到驕傲，而盲目地去和別人競爭。你永遠不會失去我們對你的愛。

我們送你上學是為了讓你成為一個勇敢而善良的人。真正善良的人應該是勇敢的。你不能等待著自己變得勇敢，而要下定決心勇敢起來，下定決心讓同情心戰勝恐懼感，戰勝盲從。相信我的話，孩子，要去同情受到傷害的那個人，而不要去迎合傷害他的大部份人。不用去爭第一，親愛的，只要你善良、勇敢，並懷有一顆感恩之心就足夠了。

善待你的同學和老師，你們屬於彼此。今年上帝賜予了你這麼多的新禮物，你是個幸運的孩子。

我心中充滿了對你的愛。珍惜這些禮物，並享受他們帶給你的樂趣吧。同時也感謝你成為上帝賜予我的一生中最好的禮物。

愛你的媽媽

我無法忍受的究竟是什麼

我發現自己患有萊姆病之後，就不能再去健身了，不過為了讓別人幫我帶一下孩子，我依舊會定期帶著孩子們去健身房，把他們放在那裡的小托兒所裡。現在我換成去桑拿浴了。我一邊蒸汽，一邊讀書。桑拿浴和高溫瑜伽差不多，但不像練高溫瑜伽那樣，既不能走動，又不能看書。每當我從桑拿浴走出來的時候，都覺得自己更聰明了，身體更暖和了，心靈更平靜了。所以現在我不再像以前那樣和亞德莉安娜坐在健身腳踏車上一動也不動地聊天，而是在桑拿浴室裡碰面，一邊蒸汽，一邊聊天。每次離開浴室的時候，我們倆都大汗淋漓，甚至以為自己剛剛真的鍛練過。最近在一次極其嚴重的「產後崩潰」之後，我買了幾件新的桑拿健身服。

每個星期我都會精神崩潰一次，這時我就會向克雷格哀號，說我不堪重負、萬念俱灰，而且不知為什麼覺得自己的生活徹底失控了。我把自己這樣的歇斯底里大發作稱之為「產後崩潰」，而我的朋友愛琳則稱之為「育兒疲勞症」發作。不管怎麼說，我每次發作時，都會聲淚俱下地抱怨：「我再也無法忍受了。」有一次，克雷格犯了個錯誤，這樣荒唐的錯誤他以後再也不會犯了，他竟然問我，我無法忍受的究竟是什麼。

每當我平靜下來以後，都會覺得唯一能夠改善自己情緒的方法就是立刻走出家門，買一大堆亂七八糟的沒用東西。我不清楚自己為什麼會有這樣的感覺，但當我隨心所欲地開著車不管停在哪家雜貨店時，都會發現許多臉上流露出瘋狂神色的女人在商店裡漫無目的、來來回回地遊蕩。由此推斷，肯定不是只有我一個人覺得瘋狂購物是解決精神崩潰的一種有效途徑。

上一次瘋狂購物時，我買了幾身新的桑拿健身服。其中有一件是瑜伽服，胸部設計了明顯的襯墊。練瑜伽是為了把外部世界和自己的內心聯繫起來，達到身體與心靈的和諧，所以這種有胸墊的瑜伽服顯得很可笑。不過這對我來說倒沒什麼，我覺得很適合我。所以我買了兩件，穿著它去了健身房。蒸完桑拿之後，我還不想走，就到跑步機上去跑步。我向旁邊的女士笑了笑，發現她盯著我看。我想她一定是對於我的胸部那麼大而感到驚訝，就害羞地笑了。但當她和我目光碰撞時，卻對我說：「你衣服的標籤還沒摘下來呢。」

其實標籤的事沒什麼大不了，就像有人問我現在幾點一樣，無關緊要。我經常忘了把衣服上的標籤撕下來，有時根本不去理會。由於我時不時精神崩潰，所以根本不會留意這種小事，而且常常帶著標籤走來走去。

我向這位好心的女士道謝，然後繼續慢跑，根本沒想去看看標籤在什麼地方，也沒想過要拿下來。我的生活中遭遇了九十九個問題，不包括標籤這種小事。

半個小時後，我回到衣帽間準備淋浴。我每次都在健身房淋浴之後才離開。我會獨自待夠兩個小時的托兒時間才去接孩子。如果我提前三分鐘到，就會在門外等著，抬頭仰望天空三分鐘。

我走到衣帽間的鏡子前，反覆打量自己，最後終於發現了衣服上沒有摘掉的標籤其實是胸墊。我戴著外露的胸墊標籤在人來人往的健身房晃蕩了兩個小時。

在這個殘酷又燦爛的世界上保持一顆平常心

當醫生把你生下來的第一個孩子放到你懷中時，你會不由得停止呼吸。當你帶他回家後，你會忽然覺得上帝犯了個錯誤，居然把這樣一個脆弱的小生命交到你手中。你還會有錯覺，彷彿不久就會有個比你更有母愛的人出現在你面前，把他接走。想到這裡，你內心便充滿恐懼。你用顫抖、滿是汗水的雙手緊緊抱著他，直到現在你依然如此。你對他的愛夾雜著恐懼，因為你擔心他隨時可能死去，覺得他無法在這個世界上生存。於是你用懷疑的目光注視著他的醫生、玩伴、老師，甚至爺爺奶奶，思忖著，他們會溫柔對待他嗎？他太脆弱了。

其實是你太脆弱了。你就像拉撒路一樣（死後四天復活），剛剛從墳墓裡爬出來，被陽光弄到睜不開眼睛。你不知怎樣才能照料這個剛剛降生的脆弱小生命。只有向上帝祈禱，請他保佑你們。你一定認為只要你握緊他的手，指導他讀好書，給他選擇最健康的食品，送他進最好的學校，小心翼翼精心呵護，他就會健康成長。可其實卻適得其反，也許你把他與這個世界永遠隔離了。

當你抱著你的第二個孩子時，你的心態開始變得平和一些了，心中充滿了喜悅和對她的關心。你整天都在對她說，撐住，親愛的。現在你有兩個孩子，你想告訴他們，他們都是你世界的核心。起初，這位剛剛墜入凡間的天使對你來說像個陌生人，而後她很快就一點一點地長大，你也漸漸熟悉她了。這時我開始考慮自己究竟應該付出多少時間與愛，應該怎樣照料她，應該怎樣摒棄自己的恐懼與憂慮。你會問自己：我這樣做對嗎？我那樣說對嗎？我買的尿布包、房子、車子都沒問題嗎？我給他們穿的衣服合適嗎？我有沒有充分享受到做母親的樂趣呢？

當他們互相微笑的時候，當他拿走了她的玩具、觸摸她的頭髮、搔癢她的腳心，當你第一次聽到他們倆咯咯笑聲從客廳裡傳來的時候，你的心中會盈滿著幸福。當你和你的伴侶看到他們倆坐在地板上時，你們倆會交換一個眼神，跟對方說：「看看我們的成就吧，我們建立了一個家庭。」

第三個孩子接著出生了。當你第一次抱著她的時候，你會發現你的雙手不再顫抖，你能夠以平靜的心態去愛她。你不再為她而擔憂，也不再對這個世界充滿恐懼。因為你看著她的小臉，發現她就是這個世界。這時你也認識到，自己終究無法成為她的保護神，而只能是她的老師。同時你忽然發現自己花費了那麼多寶貴的時間祈求上帝保護她，這太可笑了。所以你決定以後不再那麼做了，因為她與上帝和這個世界本身就是連在一起的。

如今你送給了兩個年長的孩子一份厚重的禮物，這會是他們一生中收到的最好的禮物：一個小妹妹。因為只有親生的兄弟姐妹才能夠從始至終相伴走完人生之路。你的前兩個孩子能夠在第三個孩子出生後懂得，他們並不是你的唯一，這是他們人生中重要的一課，領悟得越早越好，這一課也是你和這個最小的孩子給哥哥姐姐們的另一份禮物。

在第三個孩子走進家庭生活後，生活會變得更加不易。你需要多跑幾趟雜貨店給她選購東西，而且經濟上比以前緊張了。出現在公眾場合時，你的樣子也沒有先前優雅了，但你並不在乎這些。因為你和許多坦誠的父母聊過，知道他們也都和你一樣不容易。你們都是無名英雄。因此，你不需再假裝為人父母是一件簡單的事情了。你低下頭俯視著自己的第三個孩子，思忖到：「孩子，你到底有什麼與眾不同之處？你為什麼使我的內心世界產生了這麼大的變化呢？」可在你還沒來得及認真思索時，心中便已經有了答案，於是你在心中默默地對她說：「其實你和你的哥哥姐姐並沒有什麼不同，只是我自己的內心起了變化。我已經學會了以一顆平靜的心去愛你。我已經知道了如何在這個既殘酷而又燦爛的世界上保持一顆平常心，該相信的時候去相信，該放手的時候放手。你們三個孩子每一個都教會了我如何保持鎮定和從容。」

艾瑪走進我的生命中，對我說：「放心吧，媽媽，我們都會健康長大的。」在你教會我這一切以前，我無法領會這些道理，寶貝女兒，那時的我真的一無所知。

你是我想用生命保護的奇蹟

蔡斯每天上學八個小時，這令我十分擔憂。但如果他每天這八個小時不去上學而在家待著，我就會更加憂慮。為人父母就是這樣：不管怎樣都放不下心來。每天我看到蔡斯放學回來踏進家門時，都會感歎：「上帝啊，看看他！他會動，會走路！他是有生命的！」蔡斯是我想用生命保護的奇蹟。

我上小學的時候，有許多小事令我尷尬、迷惘、沮喪。比如那時我的頭髮總是油膩膩，所以很多女孩就在吃午飯的時候嘲笑我說：「你頭髮上的油都可以拿來開車了。」再比如，從來沒有男孩們在下課休息時追著我跑，還有我的朋友珍妮佛叫我假小子，而我卻連什麼叫假小子都不知道。其實這些小事都不值一提，但當時我很不願意讓爸媽知道，所以就把這些令我沮喪和困惑的祕密埋在心底。於是把祕密埋在心底也就成為我的第二天性，在以後的二十多年裡使我的人生陷入了不幸。

所以當我的孩子們上學之後，我並不為他們的學習成績擔憂，而是非常在意他們是否能夠與別人相處愉快。我十分關心他們的午餐時間、休息時間、乘車時間都是怎樣渡過的。大部份孩子最後都可以漸漸學會讀書寫字，掌握正確的坐姿，但不是所有人都能夠領悟一個重要的道理：自己和別人都需要得到尊重。不是所有人都能夠認識到自己是一般人，意識到自己是值得被人所愛的，明白倘若自己在無意中傷害了別人，只要自己誠懇道歉，儘量彌補過失，那麼就可以得到諒解；不是所有人都能夠懂得，有時與眾不同也是一種美麗；不是所有人都能夠學會在特殊情況下為自己和他人的正當權益而奮鬥。一個八歲的孩子很難以正確的心態面對自己所處的環境，有時即使是三十六歲的人也很難做到。

上個星期，我摟著蔡斯躺在床上，給他講了我上小學時經歷的每一件令我尷尬、沮喪、恐懼的小事。我告訴他，當時我沒有把這些事情告訴布巴和提莎，而是把它們全部埋在心底，沒有給他們幫助我的機會。由於這些事情長期淤積在我心中，不斷變質、發酵，給我的人生造成了許多惡劣的影響。這是非常遺憾的，因為孩童的心靈本該是純淨無瑕的，而我的心靈卻為此罩上了一層陰影。我對他說，也許他也會有心事，但如果他能夠把這些心事告訴爸爸媽媽，那它們就不會影響他未來的生活。我說，我和爸爸都會理解他的，他的心事就是我們的心事，在這個世界上對我們來說最重要的就是他心靈的成長。

我告訴蔡斯，每天晚上我都會和他一起躺在床上，回憶這一天當中他所遭遇的令他感到沮喪或者擔心的事情。我說，我們要聊聊這些事，然後向上帝祈求幫助，然後當他想著上帝和媽媽還有爸爸會幫他解決問題，就可以放下心來，睡個好覺。於是蔡斯每晚都依偎在我懷裡，把他的心事告訴我，我對我的寶貝兒子的瞭解也越來越深了。

他告訴我他認為前幾週的校園生活可以試為預賽，如果他表現不好的話，就可能被淘汰。對於他的這個想法，我沒有否定。他還告訴我，他之所以總想讓爸爸陪他去參加棒球訓練，是因為我總是為所有人喝彩，無論對方有沒有擊中球，這令他十分尷尬。他對我說：「如果對方沒有擊中球，你就不應該為他喝彩，對他喊『沒關係』。媽媽，沒有擊中球是不好的。你那樣做，我不知道你是不是真的明白棒球的規則，媽媽。」

他還告訴我，他每次坐校車，都會遇到一個年齡稍大一點的女孩，這個女孩有點愛欺負人，所以他有點怕她。我聽了以後，對他說，你星期一的任務就是看看她的眼睛是什麼顏色，就這麼簡單。「只要你看清楚她的眼睛是什麼顏色就可以了，蔡斯。」昨天蔡斯放學回家，一進門就對我說：「媽媽！她的眼睛是藍色的！但是當我凝視著她的眼睛想照你說的去仔細看看那是什麼顏色時，她就收起了自己那副可惡的表情，把目光轉向別處了！後來在坐車的時候，她始終都沒有再那樣看著我！回來的路上，她一次也沒有看我！最後只是從我身邊目不斜視地走過去了！」

我覺得我們每晚都這樣聊聊是非常必要的。如果我們每晚都能把自己的心裡話傾訴出來，那麼這些心事就不會淤積在心底，使我們的心變得越來越沉重。一吐為快之後，我們不僅可以放鬆心態，還能夠給自己的心靈騰出很多空間，容納更多美好的新事物。

我希望你活出生命的所有可能

許多父母都十分關心廣泛存在美國校園中的霸凌現象，我也一樣。我仔細研究了美國社會對於霸凌引起的自殺事件的反應，人們往往對於美國青少年的殘忍感到異常震驚。其實我覺得這沒有什麼值得震驚的，而且我更關心的是，除了他們提出的解決方案之外，還有沒有什麼更好的辦法。我認為社會上提出的切實可行的解決途徑無疑是一種積極的處理方式。首先我們應該加強教育工作，使學生和老師都深刻地認識到什麼是霸凌。再有，遭遇這種情況時，應該怎樣恰當應對。但這種做法還是太盲目了，就像發現船漏水以後，不先找一找哪裡在漏水，而是立即拼命往外舀水。

每次播報員在報導這類新聞時都會發出這樣的感歎：「孩子竟會這樣殘忍。」我們也總喜歡這樣說：「如今的孩子們居然會做出這麼殘忍的事情。」但我覺得其實這只是我們不願面對現實而給自己找的推託之詞。我並不認為孩子們比大人們更殘忍，只覺得孩子們不善於偽裝，不懂得把自己殘酷的一面掩藏起來。聽到電台報導說，最容易受到欺負的是同性戀傾向的孩子、肥胖的孩子和穆斯林孩子。我琢磨了一下，我想，目前在美國最容易受欺負的成人也是同性戀、胖子和穆斯林。

孩子並不比成人更殘忍，他們是成人的鏡子。他們希望自己快快長大，就在成人毫無意識的情況下，模仿成年人的做法去做事。他們並不會按照我們在學校告訴他們的那樣去做，只會根據我們的實際行為去做。他們相信我們所相信的事，說我們所說的話。是我們告訴他們，同性戀是有問題的，過於肥胖的人是有問題的。是我們告訴他們，這些人是異類，所以要受到不平等的待遇。我們覺得這些人是可怕的，就必然會去傷害這些令自己恐懼的人。其實孩子們在學校做的事情和我們透過媒體去做的事情在本質上是一樣的。唯一的區別就在於孩子們在學校的走廊裡欺負人，而我們則透過講壇、立法機構和情境喜劇中的笑話來欺負人。

每個人都有一顆敏感的心。如果許多人都反反覆覆用各種方式告訴這個人，說他是個異類，他就會相信這一點，就會因此而受到深深的傷害。倘若他最終無法承受這樣的痛苦，就會結束自己的生命。如此看來，這一切又有什麼值得震驚的呢？我們早該預料到自己的行為會導致這樣的惡果。

每當我看到令人心碎的新聞時，每當我在生活中遇到問題時，我總在自己的心中尋找答案。倘若我希望自己的世界更加美好，就必須讓自己變得更好；倘若我想讓我的孩子尊重別的孩子，平等地對待自己身邊的每一個孩子，那麼我就應該以身作則，尊重自己身邊的每一位成人，平等對待他們。我想讓我的孩子們明白，在上帝眼中，在他們父母眼中，那些所謂有問題的孩子們其實和大家都一樣，他們也被上帝所愛。所有人都是平等的，無一例外。另外，那些欺負別人的孩子往往也有些擔心，是否自己內心深處也潛藏著某些問題。

我認真思考了這些事情後，給我兒子寫了這樣一封信：

親愛的蔡斯：

無論你現在是什麼樣的人，不管你以後會變成什麼樣的人，我們都一樣愛你。

你是我們生命中的奇蹟，你的出生是我們夢想的實現。

蔡斯，如果將來有一天，你告訴我和你爸爸你是同性戀，我們的第一反應是驚訝地睜大雙眼。而後我們會一把抓住你，緊緊擁抱你，在心中默默祈禱。之後我們會向你提出很多問題，聽過你的回答後，我們會比之前更加愛你。最後我會跑到商店買幾件彩虹T恤，因為你知道，媽媽每到情緒激動時，都會去買衣服。

不過蔡斯，我並不是說，我們僅僅會包容你，容忍你具有這樣的性取向。如果我們的目標僅僅是容忍和自己不一樣的人存在，那麼我們對自己的要求就太低了，蔡斯。只有堵車這樣的事情才僅僅需要我們去容忍。對於人們，我們需要尊重，因為每一個人都有尊嚴。在你向我們袒露心跡的時候，你需要祝賀自己，祝賀自己誠實展露自己的內心世界，勇敢做你自己。這時我也會欣慰，我永遠是你生命中最重要的女人。然後我們要把這件事告訴大家，不管他們會做出什麼反應，同時你也要做好心理準備，總會有些煞風景的人出來攪局。

親愛的，由於我們都是基督徒，而且信奉《聖經》，所以我們有些擔心你會對這一點感到困擾，因為《聖經》中有一部份內容把同性之愛定義為一種罪惡。那麼我們現在就先把這一點解釋清楚。

蔡斯，我們並不認為同性戀是一種罪惡。儘管《聖經》是上帝之書，但它卻是由和我們一樣並不完美的人書寫、翻譯、詮釋的。這就意味著這份代代相傳的聖典有點像你們在學校裡玩的電話遊戲。經過幾千年的傳頌，某些宗教典籍本來的精神也許早已模糊不清了。因此，雖然你的父母是基督徒，但我們在學習經文、祈禱的同時，也會根據自己對於基督教精神的理解仔細斟酌，選擇自己要去信奉的具體內容。當然我們也會犯錯，每個人都會。但對我們來說最重要的是要勇敢嘗試，找到自己的信仰。即使有些人告訴你，我們信仰基督教的方式是錯誤的，我們是在褻瀆神明，但其實只有對於《聖經》擁有自己的理解的人，才能稱得上是真正的基督教徒。

最近有人指責我學習《聖經》中關於同性戀的部份是有罪的。我引用了德蕾莎修女的話：「當我們去評判別人的時候，我們就沒有時間去愛他們。」但有個女人立刻為此而譴責我褻瀆神明，並用《哥林多前書》6:9-10的內容攻擊我。這個女人居然指責我，我感到十分詫異。因為她不僅在教堂戴著項鍊，而且沒有戴頭巾，這一切都徹底違反了《新約全書》中的規定。如此看來，她並不想讓《聖經》中的內容限制她自己的自由，卻用不涉及自身利益的部份去束縛別人的自由。不過當時我並沒有向她明確指出這一點，因為她畢竟不是個壞人，我不想使她難堪。

《聖經》中的許多內容不易理解，但其中最核心的部份卻是通俗易懂的。所以有時我懷疑有些人總是抱著那些難懂的內容不放，對此爭論不休，反而把那些容易的部份擱置一旁，是因為他們根本不想從簡單做起，付諸行動。因此很久以來，我和你爸爸就一直認為，一部好的宗教典籍不會教導我們盲目評判別人、改變別人，而會告訴我們要去省察自己的內心、改變自己。上帝存在於每個人心中，其實我們最應該做的就是尋找每一個人心中的上帝，救助窮苦的人，撫慰受傷和悲傷的人。我們應該竭盡全力幫助別人，和朋友們共渡難關。蔡斯，我們應該意識到，自己已經經歷了第二次出生。關於第二次出生，我是這樣理解的：

你第一次出生時，把自己身邊的人當作是自己的家人。你第二次出生時，把全世界的人都視為是自己的家人。其實信奉基督教並不一定要加入特定的宗教團體，至關重要的是要領會教義的精神，認識到全世界的人都是一家人。這是基督教最崇高但也是最難達到的境界。假使你的靈性導師告訴你某些人是可怕的，那麼你就要揚起眉毛，舉起雙手，向他提出異議。因為《聖經》中出現頻率最高的語句就是不要恐懼。因此，倘若有人告訴你，同性戀者會對正常的婚姻構成威脅，那麼你要先認真思考一下，親愛的。

我只能從自己的經驗出發來告訴你，我已經結婚十年了，幾乎沒有同性戀試圖破壞我的婚姻。我說幾乎沒有，是因為奈特．伯克斯這個人有點小問題，他設計的那些漂亮的裝飾品總是讓我難以抗拒，具體危及我們的日常開銷，這讓你好脾氣的爸爸很崩潰。所以對待伯克斯這樣的人你最好小心點。但除了他以外，我敢肯定其他人都沒有問題。能破壞我和你爸爸婚姻的只有我們的驕傲、不安全感和壞脾氣。不要害怕和自己不一樣的人，寶貝，所謂的不一樣只是一種錯覺，仔細想想吧。

蔡斯，上帝在賜予你《聖經》的同時，也賦予了你心靈和頭腦。我想他一定希望你把這三者結合起來綜合運用。不過這很難，耶穌預料到了這一點，所以他送給我們這樣一個故事：有個人來到耶穌身邊，說他對於上帝制定的那些法律感到很困惑，讓耶穌為他做出解釋。他問耶穌：「究竟哪一條法律才是最重要的呢？」耶穌回答道：「用你的心靈、大腦和靈魂去愛上帝，並且要像愛自己那樣去愛別人，這一點最重要。」然後又補充說，它是其他所有內容的基礎。因此，蔡斯，你認為自己應該擁有什麼樣的權利，得到怎樣的尊重，就應該同等地對待別人。

蔡斯，你是個一般的孩子，你和大家一樣，都很棒，都是上帝的孩子。無論你過去做過什麼，還是以後會做些什麼，上帝都會一樣愛你。無論你現在是什麼樣的人，不管你以後會變成什麼樣的人，你都是上帝創造的奇蹟。你會永遠得到上帝的諒解。

另外，寶貝，我和你爸爸希望你可以像我們祝賀你這樣去祝賀和你一樣的人。還有，你要日日夜夜分分秒秒都記得，你和這世界上的每一個人都應該得到同樣的尊重，我親愛的孩子。

世人哪！耶和華已指示你何為善，他向你所要的是什麼呢？只要你行公義，好憐憫，存謙卑的心，與你的神同行。——《彌迦書》6:8

愛你的媽媽

P.S.

我們想另外向你提一句，親愛的，如果你是異性戀的話，那也不錯。說實在的，在信的結尾補充這樣一句話顯得有點虎頭蛇尾了。不過我們只是想讓你知道，我和你爸爸覺得，不管你喜歡的是同性還是異性，都沒有關係。

P.P.S.

爸爸讀這封信的時候，我看到他兩眼放光。看完之後，他顯得有些激動，把這封信用力丟在餐桌上，接著用不帶一絲嘲諷意味的口吻斷然說道：「該死的異性戀。」如果你稍微琢磨一下，就會發覺這真是作為一個爸爸能說出最有意思的話了。

金魚與天堂

蔡斯養的小金魚雅各死了，這是死神第一次真正降臨我們這個小家庭中。這些年來，我們家陸續養過好幾條金魚。每當有一條死去時，我們就重新養一條，孩子們並不曾為它們的死而傷心落淚。但雅各和它們不一樣。它在蔡斯房間的魚缸裡游來游去，生活了兩年。雖然不知有多少雙手觸摸過它，它也挨過不少餓，但它依然頑強活了下來。它總是睜大眼睛游來游去，像條會看家的小狗一樣。我們都覺得它非常聰明，而且很有責任心。記得有一次我和孩子們聊天時，向他們承認說，他們的爸爸和雅各比起來，我還是更愛爸爸。結果他們一聽就大吵大鬧起來，我只得立刻收回自己剛才的話，說自己像愛爸爸一樣愛雅各，雅各是我們家庭中的一員。

我發現雅各死去後，決定立即把這個不幸的消息告訴孩子們，以免他們在無意中忽然發現這件事而受到更大的打擊。當時他們三個人正在客廳玩，我和克雷格在他們身邊坐了下來，我對他們說道：「孩子們，我得向你們宣佈一個非常不幸的消息。」他們一聽，身子頓時僵住了，三個小腦袋一齊轉向我。我沒有採用委婉的方式開口，而是直接了當但靜靜地用哀悼的口吻說道：「今天早上雅各死了。」

蒂什立刻啜泣起來。我把她從地上抱起來，她把臉埋進我的頭髮裡，身體整個蜷縮起來。蔡斯立刻用手捂住了嘴，但我仍看到了他撇著的嘴角，接著他問我能不能去看看雅各。我把蒂什放到克雷格的腿上，艾瑪一臉關切、搖搖晃晃地走到蒂什跟前，輕輕拍了拍姐姐蜷著的身體，然後又拍了拍她的前額，也跟著哭了起來，這時蒂什突然由啜泣變成了嚎啕大哭。我和克雷格交換眼神，然後我跟著蔡斯上樓去看雅各。蔡斯走進房間，像位戰士一樣走到了魚缸前。當他注視著雅各已經失去生命的身體時，發現雅各身體上鮮豔的紅色已經褪成了灰色。他問了我一句為什麼，但沒等到我開口回答他，就用小手捂住了眼睛，淚水從指縫間流了出來，順著臉頰往下淌。他的肩膀顫抖著，之後他忽然一頭栽進我懷裡。

其實我非常想安慰蔡斯，告訴他沒有關係，對他說儘管雅各離開了我們，但我們還可以再養一條魚，一條更大的魚，甚至還可以養一群魚。不過我並沒有這樣說。

因為這是他第一次經歷身邊生命的死亡，我想讓他領會死亡的真正涵義。而且我也不想教他逃避痛苦。他需要認識到，死亡意味著一個生命的終結，我們應該用悲傷哀悼他。於是我和他一起坐在床上，緊緊摟在一起。蔡斯一邊哭泣一邊渾身顫抖著對我說：「我不僅僅是為了雅各而難過，媽媽。所有我們愛的生命最後都會死去，我們該怎麼面對呢？」而後不等我開口，他又繼續說：「我知道你會告訴我他們都去了天堂，媽媽，可你怎麼知道真是這樣呢？你並不知道。我也不知道自己能不能相信。」

他向我提出了一個很好的問題，但我卻沒能給他一個很好的答案。我只能回答他，是的，我相信天堂是存在的，不過我不清楚天堂是不是像我們聽說的那樣。當他問我憑什麼相信時，我回答他，因為我必須相信，否則我就會想到我永遠失去了自己愛的人，就會被恐懼與悲傷吞噬，我的生命中就不會再有歡樂與希望，我的心就會死去。我告訴他，我相信是因為我別無選擇只能相信，倘若我不相信靈魂不死，我的靈魂現在就會死去，倘若我不相信來生來世，就無法過完今生今世，我就會恐慌不安，就會彷徨無助。當他問我天堂裡到底是什麼樣子時，我回答他，在天堂裡，大家都會互相關愛。

接著他又問我：「為什麼？媽媽，為什麼上帝讓我們降生到這個世界上來體會這樣的痛苦？為什麼他讓我們去愛自己註定會失去的事物？」我回答他，我們愛一個人或者一個動物並不是為了能夠永遠擁有他們，而是因為這種愛可以改變我們自己，使我們變得更好、更健康、更善良、更真實。即使這些動物和這些人離開了我們，即使他們死去，他們也已經使我們成為了一個更好的人。我們透過愛他們而學會了愛，這就是我們來到這個世界上的目的，上帝讓我們來此學習如何愛別人，體會被人所愛的感覺，這樣大家在進入天堂後，才會互相關愛。聽完我這些話後，蔡斯止住了淚水，凝視著我的眼睛說道：「嗯，你說得很有道理，我相信你的話。」

幾分鐘後，蒂什走進蔡斯的房間，她浸泡在淚水中的眼睛依然紅紅的，嘴唇仍在顫抖。她也坐到床上來，夾在我和蔡斯中間。克雷格和艾瑪也跟著走了進來，一起躺在地板上。這時蒂什輕聲說：「我想讓雅各活過來。」蔡斯聽到她的話後，就抬起頭來，用閃著淚光的眼睛望向蒂什，對她說：「他不會回到我們身邊來，但他會去天堂。所以你不用為他感到難過，蒂什。」他說完之後，就不再哭泣了。有時安慰自己的最佳方式就是去安慰比自己更加脆弱的人。

蔡斯終於為我們打開了一扇希望之門。第一個陷入悲傷的往往是第一個走出絕望而心生希望的人。

我想了想，對大家說道：「喂，孩子們，你們覺得雅各在天堂會不會比在這裡更輕鬆快樂？他在這裡總像在為我們看家，而在那邊也許可以過平靜的生活，和朋友們一起游泳、嬉戲。」

雖然蔡斯的眼睛裡依然閃爍著淚光，但他的嘴角邊浮現出一絲淺淺的笑意，這是他最好看的表情，也是我生命中最美好的時刻之一。我忽然意識到，儘管我們現在都很悲傷，但我們可以撐過去。我們不會逃避痛苦，而會經受痛苦，然後穿越它。我們臉上會重現笑容。

蒂什也不再流淚了，但她的頭仍然枕在我的大腿上。我們五個人靜靜坐了一會，互相撫慰著對方。之後我們商量了一下，準備第二天早上在我們家後院為雅各餞行。我們打算為它畫一些畫，為它祈禱，再為它讀一、兩首詩。計畫好之後，蔡斯從悲傷中甦醒過來，抱起了他的天竺鼠羅密歐。

牙醫迪士尼

十一月某日的一個中午，午餐過後，我對孩子們說，萬聖節糖果快把他們的牙弄壞了，於是態度堅決，命令他們不准再吃。但關鍵問題是，糖果令我欲罷不能，於是我就把從他們那裡沒收來的糖果都藏起來，自己偷偷吃了一整天。後來當我把洗好的衣服放進烘乾機的時候，又在蔡斯的口袋裡意外獲得了一袋扭扭糖。這袋糖已經被洗過了，變得黏糊糊，樣子慘不忍睹，但這也不妨礙我，因為……這可是扭扭糖呀！我立刻把包裝袋整個扯開，把糖果放進嘴裡，津津有味地咀嚼起來，真好吃！

我嚼著嚼著，卻嚼到了一個硬硬的東西，真奇怪。我把糖從嘴裡拿出來，仔細端詳了一番，居然發現糖上面黏著一顆牙。一顆牙？我又定睛一看，發現掉的是我嘴裡鑲的一個齒冠。我立刻嚇了一大跳，我們都做過掉牙的夢，醒來之後發現只是個夢，就放心鬆一口氣了。但我現在可沒做夢，我的牙冠千真萬確掉下來了，我陷入了現實的惡夢中，永遠醒不過來。這時蒂什走了進來，我就把自己剛掉的那顆牙給她看了看。她一看見，便哇哇大哭。我以為她是在為我擔心，但我只是自作多情，這可不是蒂什的風格，讓她傷心的完全是另外一回事。

「牙齒上面黏的那個紅色的東西是什麼？你是在背著我自己偷吃糖？」蒂什問。

「是的，蒂什，的確如此。」我回答。

「你把牙吃掉了？」

「是啊。我剛才不是已經告訴你了嗎？」

「哦。那咱們最好問問古歌大神，看看應該怎麼辦。」

谷歌是她的第三家長，其實倒不如說是第一家長更合適，她的谷歌媽媽。

於是我跑到電腦前，開始搜索：如果我鑲的齒冠掉了，我該怎麼辦？給我提供些有益的資訊吧。謝謝，谷歌媽媽。之後我採納了谷歌媽媽給我提出的建議，預約醫生重新鑲這顆齒冠。我預約的是白天的時間，這樣就可以讓保姆幫我照看孩子，而且還可以瞞過克雷格。我可不能讓我丈夫知道這件事，克雷格把愛護牙齒看成是生活中一件至關重要的大事。他每半年都一定要去牙科看牙，而且每天都要用牙線仔細清潔牙齒，一般都是早晚各一次。我從來不用牙線，也不知道自己為什麼不用。我可以做許多難事，但就是不願去做這件輕而易舉的小事，也許是因為我太累了。而這一點讓克雷格很崩潰，他每天晚上都把牙線放在我的牙刷旁邊，還總給我傳一些牙齦病的連結，而且每幾個月就給我買一堆新牙刷。每當我用牙齒撕包裝袋的時候，他都驚恐萬分，他這樣也太累了。

克雷格還成為了口腔衛生宣傳海報中的人物，在我們當地的牙醫診所的牆上掛著一幅印有他照片的巨幅宣傳海報。海報上的他咧開嘴燦爛地笑著，露出那口純白無瑕的健康大牙，嘲笑我們這些不注意口腔衛生的人們。診所裡的每一個人都喜歡克雷格，而他也喜歡他們。他經常不顧我的反感仍沒完沒了地談論著診所裡的那些人、那些事。每次他去診所的時候，他們歡迎他就像迎接從大學回來的兒子，而每次我去的時候，他們都會揚起眉毛。他們總是看看我淌著鮮血的牙齦，然後相互對視一眼，接著對我說：「你沒有用牙線，直到現在還沒有用過。」之後他們就會拿出牙線，給我上課。我每次去都要聽一次牙線課，他們像對待五歲的小孩一樣教育我。而我又不得不全神貫注傾聽他們的教誨，表現得好像有生以來第一次看見牙線似的，但心裡卻在說：「天吶，我知道怎麼用牙線，用不著你們教我，只不過我不想用。」但我又不能實話實說，所以只好像個白癡一樣專注凝視他們的動作，然後對他們說：「哦，我知道了，原來應該這樣啊。我用牙線的時候……方法不當，不過我現在知道該怎麼做了。嗯，我會了，還挺有意思的嘛！」每次我離開診所，都感到既彆扭又惱火又丟臉，於是我就會立刻發誓每天都要用牙線刷牙，可每次回到家中我又覺得累了，就把發過的誓言拋在腦後。

不過我非常喜歡帶孩子們去看牙醫。給孩子們看牙的那位醫生發現如果他把自己的診所變成遊樂場，有銀幕、有空氣曲棍球桌、有電玩，孩子們就會希望自己蛀牙。那個迪士尼樂園般的地方還給家長們特意準備了最新一期的《時人》。我在那裡會覺得自己像一位非常有責任心的家長。我總是穿一件開襟羊毛衫帶著孩子們去看牙。我只有一件羊毛衫，因為我實在不適合穿羊毛衫，但在那一天我非常有自信。克雷格讓我們的孩子每天按時刷牙，並且每隔一天都要用牙線仔細清潔牙齒，所以每次牙醫給他們做檢查時，結果都非常令人滿意。而我是每次領他們去做檢查的人，所以那位醫生認為我是一位有責任心的好母親，每次都祝賀我。哈哈！

記得有一次，我獨自一人帶著三個孩子住在一家旅店裡，到了睡覺時間，我告訴他們我忘了給他們帶牙刷。他們一聽，臉色大變，我的孩子們有一些亞洲血統，所以他們的皮膚是棕色的，都嚇到變白了。我到浴室裡洗澡，蒂什把我的手機翻了出來，躲在角落裡給克雷格打電話，她把我出賣了。我聽到她儘量克制自己心中的憤怒壓低音量小聲說：「爸爸，媽媽居然讓我們不刷牙就睡覺。我們該怎麼辦啊？爸爸！」我聽到這裡，立刻從浴室裡衝出來，大聲喊道：「蒂什！你在幹什麼？」蒂什聽到我的喊叫聲，就對著電話小聲說了一句：「我得掛了，爸爸，媽媽現在正罵我呢。」第二天我們回到家，克雷格一開口：「你到底是……」我就立刻打斷他：「別說了。」於是他就什麼也沒再說。

儘管我不認真刷牙，但我定期用牙齒增白劑，所以每當牙醫告訴我孩子們的牙齒十分健康時，我都會回應給他一個燦爛的笑容，露出我潔白的牙齒。在孩子們的牙醫診所裡，我完全變成了另外一個人，一個關心孩子們口腔衛生的穿著羊毛衫的有自信又有責任心的母親，領著三個擁有堅固牙齒的孩子，這樣的角色我扮演一、兩個小時還是很有意思的。

有一天清晨，我準備帶孩子們到牙醫那裡去做檢查。我穿上羊毛衫，和孩子們一起上車。糟糕的是，幾秒鐘後，我忽然想起忘了給他們帶早餐。我平時總是在車裡放一些能量棒，以防現在這種情況。但今天我看了看貯物箱，裡面只剩下一根能量棒了。由於我自己現在饑腸轆轆，所以只能告訴孩子們一根也沒有了。艾瑪一聽就生氣了，為了不讓他們聽到我拆開包裝紙的聲音，我打開音樂，把聲音調大，悄悄把僅有的那根能量棒狼吞虎嚥吃了下去。

我們到了牙醫的迪士尼樂園後，我坐在舒服的沙發上讀著《時人》，孩子們在玩空氣曲棍球。我見艾瑪太吵鬧了，就把她叫到身邊，悄悄在她耳邊告訴她：「你得小聲點。」可她突然後退一步，詫異地瞪著我，之後用她胖胖的小手指頭指著我的臉，大聲嚷道：「媽媽！你滿嘴都是能量棒的味道！你滿嘴都是能量棒的味道，媽媽！你剛才做了什麼？媽媽！」接著她就躺在地板上，大哭起來。她的樣子看上去既像是遭到了背叛，又像是剛得知媽媽是個戒酒失敗的酒鬼。

候診室裡本來亂哄哄的，現在卻驟然安靜下來，所有埋頭捧讀育兒雜誌的媽媽們都把頭抬起來，一齊望向我。她們的目光落在我身上，遲遲無法移開。這時我才想起自己隨身帶著一個透明的大水瓶，裡面灌了滿滿一大瓶甜菜汁，這是萊姆病剛剛康復的人每天清晨必須喝的。但不幸的是，乍看上去，這一大瓶甜菜汁就像是四十盎司血腥瑪麗雞尾酒。

當時我真想站起來大聲宣佈：大家聽著，你們完全誤會了，不過這個誤會可真有趣，有趣到你們根本無法相信它是個誤會，而且還真諷刺！讓我解釋一下，我今天早上可沒喝酒，我已經二十年滴酒未沾了！現在我喝的是甜菜汁，這個瓶子裡裝的就是甜菜汁。而這個大哭大鬧的孩子，她說的是能量棒。我滿嘴都是能量棒的味道。有意思吧？我敢發誓自己真的沒喝酒。

不，這樣的話我說不出口，於是我斷然打消了這個念頭。此時此刻，我覺得最應該做的就是表現出自己沒醉。

如果一個人沒醉，想裝醉，最好的方法就是假裝自己醉了但是裝沒醉。而現在我的確沒醉，卻在懷疑別人以為我醉了，於是想讓別人看到我確實沒醉。事實上，想做到這一點根本不可能。因為假使你一心想著要走直線，那麼你就會搖搖晃晃走路不穩。倘若你說話的時候，想把每一個音都發得清清楚楚，那麼你說話就會像機器人。簡言之，你越是想表現出自己沒醉，就越不知道沒醉應該是什麼樣子或者沒醉時應該有什麼樣的感覺，那麼你看上去就會顯得更醉了。而現在我就是這樣。結果我把雜誌掉在地上，起身的時候差點摔倒，還把甜菜汁灑在了我唯一一件羊毛衫上。羊毛衫！哈！羊毛衫下的我顯然是個冒牌貨。我應該穿著克魯小丑的襯衫和瑜伽褲才對。

做完檢查後，我們開車回家，一路上我始終盯著後視鏡，因為我認定牙科診所肯定叫了警察。儘管我沒有看到警察，但我還是讓孩子們一路上保持安靜，這樣我才能聚精會神、頭腦清醒地開車。結果這一次我又失敗了，車子轉彎之後，車速先是慢於最低限速，而後又超出最高限速，而且一路上該打燈的時候我一次也沒想起來。最後我們終於到家時，我已經筋疲力盡、徹底崩潰，一進門就迫不及待奔向我偷偷藏起來的那一堆糖果。

一年中最美好的時刻

今天是十二月二十三日，我帶著蒂什和艾瑪去了塔吉特百貨。我們購物之後，排隊等著結帳。我心裡想：終於把該買的東西都買完了，可以回家了。這時我忽然發現艾瑪看上了一包橡膠蟲玩具，她睜大眼睛好奇端詳。我心想，麻煩來了。果然她抓起那些玩具蟲子，舉到我眼前給我看，眼睛亮得就像閃著淚光似的，向我懇求：「我想要這些蟲蟲！」我回答：「嗯，這就是塔吉特耍的把戲。我也想買一堆沒用的東西，但這些東西對咱們是沒有用處的，寶貝。咱們不要橡膠蟲，放下吧。」

艾瑪聽到我這麼說，一屁股坐在骯髒的地板上，大聲尖叫起來，就像自己的家人全都死光了似的。艾瑪發脾氣時有她自己特殊的風格，那就是選擇一、兩句話，用七百萬分貝的音量重複七百萬次，直到她身邊的每一個人都徹底崩潰，不是想殺人就是想自殺。今天她選擇的是：「我餓了！我渴了！我餓了！我渴了！」一陣陣魔音穿透腦殼。

結帳的隊伍又長又擠。每當隊伍向前挪動的時候，我都必須抓著哭鬧不止的艾瑪衣服上的兜帽，拖著她向前移動幾步，就像我在機場櫃台拎著行李那樣。這時蒂什也哭了起來，因為眼前這一幕實在太荒謬了，所以我做出怪獸電影裡怪獸般的表情，對蒂什咆哮叫她別再哭鬧，但她哭得更凶了。周圍的人都儘量遠離我們，遠處的顧客們紛紛朝我們這邊張望。我渾身冒汗，像在三溫暖，一心盼著商店裡重複播放〈一年中最美好的時刻〉這首歌能立刻停下來。歌裡不停唱著：「孩子們搖著鈴鐺，大家告訴你，開心慶祝吧！」這可真符合我現在的處境。

我始終低著頭，但現在我想抬起頭來，用充滿歉意的目光向周圍的顧客們求助，幻想能博得一些同情。當我終於鼓起勇氣把頭抬起來，卻發現不但沒有人向我投來一絲憐憫的目光，反而每一個人都在瞪著我，每一個人。一對老年夫婦似乎對眼前的景象極為反感，那位老奶奶把手摀在嘴上，而且緊緊抓住丈夫的胳膊。起初我以為她只是想躲著我養的這兩隻瘋狂的小野獸，這還情有可原，是啊，這兩個小傢伙的確太嚇人了，把我自己都嚇著了。但後來我們的目光碰撞了一下，我才意識到，她那種厭惡的眼神不是投向她們的，而是投向我的。她先是看了看我的衣服，之後又看了看我的購物車，最後把視線移開了。

於是我順著她的目光，先看了看我自己，又看了看我的購物車，這才發現……天吶，真是太糟糕了。最近我的萊姆病又復發了。因為這兩天我覺得很不舒服，所以已經四十八小時既沒有洗澡也沒有洗頭了。而且我低頭發現自己竟然還穿著睡衣，並且把睡衣胡亂塞了牛仔褲，就像一個鬧事的七年級孩子那樣，看上去糟透了，不是有點糟，而是糟糕透頂。除此之外，我的購物車裡裝的是六大瓶葡萄酒和一堆窗簾杆，好像我要用這些窗簾杆當吸管把這些酒都喝光似的。再加上我最小的孩子還在吵嚷著：「我餓了！我渴了！」別人眼中的我現在是什麼狀況可想而知。

由於我心力交瘁、疲憊不堪，所以我把所有的同情心都給了自己，根本顧不上去管地上那個哭鬧不止、嚷著自己又渴又餓的孩子，連假裝同情都做不到。因為我很確定餵她吃過東西，所以我一點都不同情她，這孩子簡直在胡鬧。我索性根本不去理會這兩個孩子，任由艾瑪坐在地上大吵大鬧，蒂什在她旁邊哭個沒完沒了。我只是一心祈禱隊伍移動得快一點兒，我擔保我們這個隊伍中的無神論者都在虔誠地向上帝祈禱了。

忽然間，一位穿著制服的警官向我們走了過來。起初我有點緊張，但見他在我們跟前停下腳步，臉上露出溫暖親切的笑容，眨了眨眼睛，我立刻放鬆下來。他低頭看了看兩個小姑娘，然後問我：「可以嗎？」我當時已經徹底暈頭轉向，根本不知道他這句「可以嗎？」究竟是什麼意思，但我希望他可以把這兩個小傢伙趕快逮捕帶走，所以我就點了點頭。

這位警官輕柔地拍了拍艾瑪的小腦袋。艾瑪仰起頭看了看他，立刻閉上嘴，站起身來。蒂什也安靜下來，抓起艾瑪的手。這兩個剛才鬧翻天的小傢伙瞬間變成小戰士似的，她們警覺的眼睛裡露出恐懼的目光。

接著警官對她們說：「你們好啊，女孩們。你們倆聽說過『擾亂治安』這個詞嗎？」她們搖了搖小腦袋：「沒有。」而後他微笑著繼續說：「就是說，你們的媽媽還有所有這些人都想安安靜靜地買東西，但你們兩個打擾了他們，你們這麼做是不對的。乖乖跟著媽媽，好嗎？」她們點了點頭：「好的。」

之後警官站起來，向我露出笑容。我也充滿感激地向他笑了笑。

然後他對我說：「有時當家長很不容易。」

不知為什麼，我忽然很想讓他知道，除了做母親之外，我還會做一些別的事情，於是我脫口而出：「我也是個作家。」

他顯得很感興趣，就問我：「真的嗎？你都寫些什麼？」

「各種各樣的事情，主要寫在部落格上。」

「寫些什麼？」

「帶孩子吧。」

他眼睛突然一亮，隨後笑了起來，開玩笑說：「哦。有人看嗎？」

我回答：「有幾個人會看，不過都是看著玩的。想得到建議的肯定不會看。」

我的心情奇蹟般放鬆下來，忽然恢復了精神，能夠發自內心笑了。

這時他笑著對我說：

「我和太太養了六個孩子，從我個人經驗看來，所有關於育兒的建議都是瞎掰。儘量快樂一點吧，只有這句話還算實際一點。你是個不錯的媽媽。」

說完之後，他向我和我的女兒們道別，轉身離開了。

最終還是這位警官善意的舉動幫我解了圍。謝謝你，英雄警官，聖誕快樂。

從塔吉特回來的路上，我的女兒們起初很安靜，誰也沒有說話，但車開到一半，蒂什突然大聲說：「真不敢相信，我們居然差點要進監獄。我們最好別把這件事告訴爸爸。」

我聽後便回應：「那可不行，我們必須告訴爸爸。如果我們什麼也不說，他今晚看到新聞時發現了該怎麼辦？」

她們倆立刻睜大眼睛，啞口無言。

聖誕節快樂，祝大家快樂！

每個孩子都擁有自己的天賦

孩子們剛剛邁入學校大門的這段時間裡，身為家長往往十分不安，教室這個狹小的空間並不足以使每個孩子都能充分發揮自己的潛能。

有些媽媽在這段時期會非常焦慮，甚至伴隨著恐懼、憤怒，並且總是疑慮重重，琢磨著：「天吶，他沒問題吧？我們有沒有在教育方面犯什麼錯誤？」如果你也有這樣的煩惱，就讓我和你談談關於孩子的事情吧。

每個孩子都擁有自己特殊的天賦與潛能，每一個，無一例外。每個孩子都在某個方面擁有不同的天賦與才能。因此，他們要在自己未來的人生道路上面臨的挑戰也各不相同。有些孩子根本無法在教室裡施展他們的才能，但他們每天卻要花大量時間待在教室裡，所以對於這樣的孩子，我們必須要有足夠的耐心，仔細觀察他們，最終才能發現他們的特異之處。

我以前有個嚴重閱讀障礙的學生，但他在七歲時就已經顯示出非凡的喜劇天份。記得有一次他在飲水機前排隊，等了很久，看到我過來，就向我抱怨：「天吶，道爾小姐，我從六歲起就開始在這裡排隊了。」這男孩絕對是個天才。

我還有個學生患有嚴重的腦性痲痺，既不能行走也不能說話。但他在接受物理治療時會展現出勇敢的笑容，我們班的學生都稱他為最勇敢的人。他也是個天才。

我還有個學生是一名自閉症患者，但他是我認識所有人中最善良、最溫柔的一個。他從來不曾傷害過任何生命，他愛所有的動物，把他們都當作是上帝賜予他的禮物，其實他們自己本身就是很棒的禮物。但是我們班上除了他以外，誰也沒有領悟這個道理。毫無疑問，他也是個天才。

我還有個學生，儘管她已經上三年級了，但讀起書來仍像幼稚園小孩一樣，而且還沒有學會加減法。有一天在下課休息時，我站在她身後，聽到她在唱歌。我終於發現了她的天份，她也發現了自己的天份。之後我把她帶到其他老師面前，讓她為他們唱歌。上課的時候，我告訴全班同學，我們班上有一位搖滾明星，這時她靜靜微笑。從那以後，她總在唱歌，時時刻刻都在唱。我們從不打斷她的歌聲，因為我們不會去吵醒藝術家的美夢。

蔡斯班上有個同學總惹麻煩，每天都會。有一天蔡斯回到家中，對我說：「別人和他說話的時候，他似乎在恍神，根本沒在聽，我覺得那是因為他一直在腦子裡畫畫。他是我見過最棒的畫家，我覺得他將來總有一天會成名的。」蔡斯說得對，我見過這孩子畫的畫，絕對是個天才。

另外，以前我班上有個孩子，成績非常優異，所有學科的成績都遙遙領先其他孩子。但她總是炫耀自己的天賦，不懂得謙遜、內斂，所以沒有人願意和她交朋友，有時當天才也是十分不容易的。

每一個孩子都擁有他自己特殊的天賦，也有他自己需要面對的挑戰。只不過在常規的教育制度下，有些天賦是很難被發現的。老師應該在這方面負起責任，許多學校在想方設法挖掘每一位學生的潛能。作為家長，我們應該全力配合。我們可以幫助自己的孩子，讓他們相信自己是正常的。不過要做到這一點很難，只有一種方法可行，我們自己必須先堅信自己的孩子是沒有問題的。

我知道這很難。不過只要我們能夠努力說服自己，還是有可能實現的。首先我們需要修正一些看法，不能認為學生們在接受教育的過程中是在參加一種比賽。其實我們教育孩子就像是在過耶誕節，每個孩子都有一份美好的聖誕禮物要獻給我們，禮物上寫著他們的名字，放在聖誕樹下，等待我們去拆開包裝。這些禮物都是上帝包裝好的，他會告訴我們什麼時候打開看。同時，我們還必須相信自己的孩子是正常的，無論他的成績是遙遙領先，還是遠遠落後，不管他是頑皮、吵鬧，還是肥胖、害羞、自閉。

我一直認為，只要一個孩子回到家中看到媽媽眼中的自己是正常的，那麼即使在學校老師和同學都覺得他有問題，他也可以不去理會他們的看法。媽媽眼中的自己是什麼樣的，這在他心中才是最重要的。

媽媽，我正常嗎？

只要媽媽覺得自己沒有問題，那麼他就可以認為這個世界上其餘的所有人都是騙子，只相信自己的媽媽。因此，當他認真地問我們，自己是否是正常的，那麼我們就應該告訴他：是的，寶貝。你是正常的，非常正常。你的出生是我夢想的實現，是我的一切，我不願用一百萬個別的人換你一個。也許你在學校遇到了很多困難，但這沒有關係，因為校園生活只是人生道路上的一段路，而且我可以和你一起共渡難關。我非常慶幸自己能夠陪伴在你身邊，與你一同努力。

然後我們可以一起坐下來吃個餅乾，先聊一些輕鬆的話題，要說的話太多了。我們應該像《殺死一隻知更鳥》中的艾蒂科斯．芬奇那樣，當緊挨著他們的鄰居家被燒成平地時，艾蒂科斯的兩個孩子斯科特和詹姆只是仔細觀察自己父親的反應。當大火朝著芬奇家蔓延，離他們越來越近時，艾蒂科斯看上去依然泰然自若，於是斯科特和詹姆認為「還不必擔心」。我們都應該像艾蒂科斯那樣，冷靜沉著、鎮定自若，並且懷著堅定的信念。只有這樣，即使大火已經逼近眼前，孩子在注視著我們的時候，也會感到「嗯，還不到著急的時候」。

我們應該認真觀察自己的孩子，一邊觀察，一邊等待，同時還要對他們懷著堅定的信心。總有一天上帝會點點頭，對我們說：「這位母親，是時候了，現在你可以打開那份禮物了。」

這時我們會發現我們得到的是自己最心儀的禮物。記住我的話，事情一定是這樣的。

發現你心底的愛與溫柔

我的生活中出現了一點小問題。八月裡一天早上，克雷格問我能不能把他父母養的貴賓犬接到我們家幾天。我同意了，但只是為了給孩子們找個伴。我對動物沒有多大興趣。我允許蔡斯在我不在屋裡的時候看《動物星球》。而且長毛動物身上的毛髮讓我受不了，生活本身就已經亂糟糟的了。

提到我混亂的生活，我要先說明一下，八月份我需要休息，所以我要辭去家長的工作。天氣熱得要命，而且之前我已經陪過孩子們不少時間了。不過別誤會，我並不討厭夏天。我覺得夏天還不錯，所以我想放鬆一下，享受一下這個慵懶的季節。於是在八月份的家庭會議上，我微笑著向孩子們宣佈自己暫時辭去以下工作：

第一：當你們把東西掉在地上時，我不會對你們微笑。如果我把燕麥粥、水或者晚餐盤子放到你們面前十五秒鐘後，你們把它掉在地上，我不會假裝沒有生氣。

過去幾年來，在這種情況下我一直咬牙切齒忍著不發火，還面帶微笑對你們說：「沒關係，親愛的。」不過現在我不會這樣了，其實我覺得這樣「很有關係」。如果你們把東西掉在地上，就深吸一口氣，做好心理準備迎接我大發雷霆。當然我知道如果出現這種情況，是你們不小心，沒留神，你們也不是故意的。也許你們長大以後有了心理治療師，可能會和他談起小時候發生過這樣的事情，他會認為那是媽媽不公正的態度給你幼小的心靈留下的陰影。但我想告訴你們，現在我對於自己即將不公正地指責別人、隨便亂發脾氣和不寬容別人這三點，已經毫不猶豫地提前原諒了自己。

第二：我不會假裝愛聽你們給我講的那些完全不知所云的故事。而且你們在講的過程中，總是每說一個字就會停頓差不多三分鐘，這一點我也堅決拒絕忍受。你們往往一吃完早飯就開始強迫我聽故事，等你們講完之後，就已經要準備午飯了。而且你們講的可真不是什麼好故事，我聽得一頭霧水，根本不知道你們在說什麼。我真想建議你們老師今年秋天修改一下課程表，把地理課改成講故事技巧課，這樣你們的聽眾就不必在心裡極度抓狂而且煩得想上吊的情況下還要假裝對你們笑。每當你們追著我說「媽媽，你聽我說」的時候，我都像個手無寸鐵的人質一樣驚慌失措卻又無能為力。在今年夏天剩下的時間裡，我會隨身帶一個蜂鳴器，如果你們非要讓我聽故事，而且兩分鐘之內還講不完的話，我就會啟動它，讓它嗡嗡作響，之後立即丟下你們轉身就走。

第三：我不會像以往那樣，每天晚上伺候你們上床睡覺四十次。每次哄你們上床都像在玩註定要失敗的打地鼠遊戲，你們肯定還會再跳起來。現在我不再那麼有耐性了，如果你們再從房間裡出來，我就真拿你們當地鼠來打。

第四：我不會在你們睡覺前，強迫自己聽你們唸書給我聽。你們的睡前閱讀和我沒關係。你們往往唸一個字就要花掉六分鐘，照這樣計算，如果你們的書有一百個字，雖然我數學不好，但也能大致估算出，直到我臨死之前，你們也唸不完。如果你們想讀的話，睡前你們應該自己讀。每當你們又一次劫持我，每隔六分鐘才蹦出一個字的話，我本該極力強迫自己為你們感到驕傲，我應該一邊聞著你們剛剛洗完的頭髮飄過來的清香，一邊耐心說：「哦，孩子，你真棒！」可現在不是了，我腦子裡只會有一個念頭：「哦，天吶，我快死了，你唸得真糟糕。」所以從現在開始，如果你們在家不能自己讀書的話，就等到上學以後再到學校去讀。假使你們九月份開學的時候可能會落後其他同學，那也沒辦法。偶爾丟個臉也不會給你們造成多麼嚴重的傷害。總之，我不會再聽你們唸書了。

第五：我不會在你們闖禍或者和別人爭吵、打架時，充當和事佬。我不再是你們的救星。我一位聰明的朋友告訴她的孩子們，如果你想戰鬥，就做好戰死的準備。現在我也把這句話送給你們。

第六：我不會在我休假這段時間裡為你們洗衣、做飯，陪你們玩耍，教你們做事，向你們微笑，和你們聊天。如果你們需要家長的幫忙，就給布巴和提莎打電話。電話號碼黏在冰箱上。我在自己的房間裡，請勿打擾。只有等到秋天來臨並且你們已經報名參加了幾項課外活動後，才可以來敲我的房門。

永遠愛你們

克雷格在我辭去母親工作的第二天提議把貴賓狗接過來，我覺得這主意不錯。我琢磨著孩子們可以和狗玩耍四天，這算是用不著我去組織的家庭活動。所以對於這隻貴賓狗，我只要盡可能掩飾自己對她的反感就可以了。

但這隻狗來到我們家之後，我一下子就喜歡上牠。於是我立刻決定自己也養一隻，而且現在就養。於是我在臉書上發文，宣稱自己的「一位朋友」想領養一隻狗，需要別人的建議。我沒有告訴大家，想領養狗的其實是我自己，因為我不想聽別人跟我講道理。

我的老朋友曼迪回應了我。她建議「我的朋友」可以領養一隻搜救犬。曼迪花費了自己的大部份時間和精力照顧無家可歸的狗。在我向她承認想領養狗的其實是我自己後，曼迪問我到底想要一隻什麼樣的狗。我告訴她，我想要一隻慵懶的、愛睡覺的，和我一樣喜歡沙發的狗。她聽後答應我，她去當地的收容所會幫我留意。

後來曼迪給我寫了電郵：「我剛發現一隻狗，也許你會喜歡。有一隻流浪狗剛剛做完行為評估。牠是一隻拉薩犬，是我見過的所有狗中最安靜、最溫柔的。白色，五歲左右，儘管有點戽斗不太好看，不過還是挺可愛的。」

當我讀到「不太好看」時，我就知道這狗一定是我喜歡的類型。除了丈夫以外，我選擇的一切都很難看。正因如此，在萬聖節和耶誕節來臨之前，克雷格既不讓我選萬聖節南瓜，也不讓我選聖誕樹。當我告訴克雷格我讓曼迪幫我選了一隻狗時，他對我說：「不，格倫儂，我現在還不大想養狗，不行，我不同意。」我盯著他看了一分鐘，然後笑了。他遲疑片刻：「好吧，我同意了，咱們什麼時候能跟牠見面？」

於是第二天我們告訴孩子們，我們要去看望一些無家可歸的狗狗。到達收容所後，那裡的工作人員帶領我們經過一個個狗舍。每一隻狗都在瘋狂吠叫，場面有些混亂，所以艾瑪有些害怕，其實是我有些害怕。

但當我們走到最後一排狗舍時，在最後一個籠子裡，那個毛髮蓬鬆的小傢伙靜靜向我們走來，一邊探頭張望，一邊搖著尾巴，走到蔡斯跟前，牠既不叫，也不跳，只是搖搖尾巴，舔舔蔡斯的手。後來克雷格回憶起這一幕時說，當時提奧彷彿在對我們說：「你們來了啊！我就知道你們一定會來的。」

由於曼迪幫我們找到了牠，而曼迪婚前的娘家是姓提奧博爾德，所以我們給牠起名叫提奧。後來我們才知道提奧這個名字的涵義是「上帝的禮物」。

第二天收容所的人打電話來，說提奧馬上就可以成為我們的狗了，只要他們給牠洗澡、絕育之後，我們就可以把牠領回家了。他們解釋說，由於提奧是流浪狗，所以牠還很髒，毛髮也亂蓬蓬的，需要好好梳洗一番。

我琢磨了一下，就給克雷格撥了電話，對他說：「老公！我們有個問題，我不允許他們在提奧進咱們家門之前給牠洗澡。」克雷格沉默了片刻，問道：「為什麼？親愛的。」我覺得他的語氣太漫不經心了。

我回答：「因為我不願意讓提奧覺得牠非得乾乾淨淨、漂漂亮亮才能進咱們家門，咱們才願意接納牠！我不能讓牠有這樣的想法。牠要以自己本來面目來到咱們家，之後由我們來給牠洗澡。我就喜歡牠邋遢的樣子，就想讓牠這樣來到咱們家。」

「我好像不太懂你的意思。」克雷格說。

「那也沒關係，因為我已經替你理解了。」我說。

我倆同時陷入沉默。

這時妹妹打電話過來了。

「我得掛了，老公，妹妹打來。」我說。

克雷格長長歎了一口氣。

「妹妹！收容所的人想在提奧進我們家門前給牠洗澡，這我無法接受！」我說。

「為什麼，姐姐？」妹妹問。

「因為我不想讓牠覺得我們不夠愛牠，嫌棄牠本來的樣子，不願意讓牠那副樣子進家門。」我說。

「呃，好，讓我釐清一下：你—不—想—讓—牠—覺—得—你—不—夠—愛—牠。」妹妹試著說。

「為什麼你們總是故意很慢地重複我說的話，讓我說的話聽起來像瘋話似的？」我問。

「你說的這些話並不是因為被重複得很慢，所以聽起來才像瘋話，姐姐。問題不在這裡，而是在於這些話在被重複以前聽起來就像瘋話。我們慢慢重複給你聽，是想讓你自己聽出自己有多瘋狂。」妹妹冷靜回答。

「隨你怎麼說。聽著，艾瑪現在很漂亮，但你還記得她出生時的樣子嗎？我們把她接回家之前，誰也沒覺得應該給她化妝打扮啊。」我說。

妹妹沉默了片刻，「你簡直不可理喻。」

我也沉默了片刻，「好，嗯。如果你說我不可理喻，那我想告訴你，既然你已經認識我三十六年了，還跟我沒完沒了的理論，你才是真的不可理喻。」

「好吧，你說得對，姐姐。是啊，你說得沒錯。去把你的狗接回家吧，我們一起給牠洗澡。」妹妹妥協了。

「好的，謝謝。但我下星期還得帶牠回收容所一趟，讓他們帶牠去做絕育。因為我不想讓提奧知道絕育這件事是我的主意。這可是他們做主的。」我說。

妹妹又沉默了片刻，「好的，姐姐。」

又過了兩天，我去收容所接提奧。我對於最後一次面試感到非常緊張，就在收容所門口給我的一位好朋友克莉絲蒂打了電話。克莉絲蒂收養流浪狗，並且給準備收養狗的家庭面試。電話接通後，我立刻說：「天吶，我太緊張了，我正在收容所門口，馬上就要進去接受最後一次面試。如果他們問我，我是否服用過抗抑鬱劑，如果他們看過我的部落格，如果他們問我有沒有前科、有沒有吸過毒，天吶，那我該怎麼辦啊？」

克莉絲蒂聽後，回答我：「格倫儂，深深吸口氣，別緊張。這和收養人是不一樣的。只要你別提邁克爾·維克（非法鬥狗被判刑的美國運動員）就萬事大吉。」

於是我深深吸了口氣，然後邁進收容所大門。給我面試的是一位可愛的管理員，叫費瑟。她剛一開口和我說話，我就放下心來。我覺得這些把自己的人生奉獻給動物或者小孩的人是絕對無私的，支配他們這麼做的只有心底的愛與溫柔，因為幫助動物或者孩子是沒有回報的，這些人得不到名譽或者物質上的獎賞，陪伴他們的只有這些無助的小生命和上帝。

費瑟待我非常和善。面試進行到一半的時候，妹妹也來到了收容所，妹妹永遠會在我需要她的時候出現。由於她現在嫁給了約翰，所以約翰也一起過來了。

妹妹看上去激動萬分，因為她又要有一個新侄子了。前一天晚上，她來我們家，帶來一個狗用的座椅、一個斑馬條紋的狗床，還有草莓香蕉香味的犬用沐浴乳，這就是妹妹的風格。當他們把我的狗領出來的時候，她先把牠抱了起來。

蒂什出生時，妹妹就是第一個觸摸她的人。妹妹在我之前，在克雷格之前，第一個拉起了蒂什的小手。這對我們來說，是再自然不過的事情了，我的孩子就是她的孩子。

接著妹妹把狗遞給了我，然後我就帶著提奧回家了。一路上牠始終臥在我的大腿上，我感覺到牠似乎在微微顫抖，我也一樣。這麼多年來，我一直在祈禱，一心盼望著自己能夠收養一個小生命，現在上帝終於賜予了我一個機會。想到這裡，我落淚了。

我們到家時，克雷格正坐在門廳的地板上等待我們。提奧一進門，就直接跑向他，然後仰面躺在他的大腿上，肚皮朝上，希望能夠得到他的愛。第二天清晨，我們讓提奧一一分別去舔他們每個人的臉頰，把他們舔醒。我們沒有告訴孩子們前一天晚上提奧已經來到了家裡，我想給他們一個意外的驚喜。

我的生命中充盈著這麼多的愛，不知不覺間，我早已融入這個美麗的世界中。

自信和謙虛是一枚硬幣的兩面

最近有位朋友問我：

我們怎麼能夠讓自己的孩子既可以自信地生活在這個世界上，又可以對上帝懷著謙恭之心？

關於這個問題，我琢磨良久卻沒有答案，但我並沒有從教育孩子的角度去思考。每當有人向我諮詢育兒建議時，我總是把問題轉變成做人的問題來回答。比如：如何讓孩子對別的孩子更加和善？我思考的方向是：我怎樣才能對別人更加和善？由於我已經讀了十六本育兒書籍，而書中的觀點大多互相矛盾，所以我不再想著如何當一位好家長，而是一心決定去做一個更好的人。

我們經常認為自信和謙虛是屬於個人的性格特徵，例如：某人很有自信、某人很謙虛。但這些性格特徵也許並不是真實的，缺乏安全感的人可以用自吹自擂來假裝自信，驕傲的人也可以假裝謙虛。而且似乎越是缺乏安全感，外在就會表現得越是自信。反之亦然。

另外，還有像我這樣「混合型」的人。比如當我寫完一篇關於謙虛的文章後，我就會想，這會不會是有史以來談論謙虛最好的文章呢？而我最引以為榮的性格特徵卻是我的謙虛，我還自認在這方面誰也比不過我。

對於自信與謙虛，不必過分深究，倘若我們一味謙虛，卻沒有自信，隨著年齡增長，我們就會逐漸失去很多寶貴的機會。而倘若我們的自信到了自負的程度，一點也不謙虛，隨著年齡的增長，我們就會變成一個失敗的人。

那我採用這樣的方式寫作，到底是謙虛還是自信呢？我對於自己的缺點直言不諱，從這一點來看我很謙虛。同時，讀者願意讀我寫的文章，而且我覺得大家也許認為我的缺點很有趣，這一點又顯示出我的自信。如此看來，寫作、繪畫、表演、創作、勇敢地面對生活，這些行為究竟顯示出謙虛還是自信呢？

我認為兩者都有，自信和謙虛是一枚硬幣的兩面。我們的性格特徵都是由我們內心深處最根本的信仰決定的，所以這兩種特徵也是我們的信仰的一體兩面。

由於我相信自己是上帝的孩子，所以我很有自信。由於我相信大家也和我一樣都是上帝的孩子，所以我很謙虛。這兩個方面加在一起，構成了我完整的信仰。

如果我只謙虛而不自信，那一定是我沒有意識到自己內心蘊藏著的神聖的火花。我應該相信上帝賦予我生命，讓我自信地生活在這個世界上。作為上帝的孩子，我應該尊重自己，內心平靜而愉悅；作為上帝的孩子，我有權利說話、感受、思考、相信自己所相信的。我心中的那些夢想，我頭腦中的那些想法，都是無比真實的，牠們都源於一個神聖的核心：因為我是上帝的孩子，這一點已經道出了一切。我自信並不是由於我聰明、漂亮、強健或者才華橫溢——這些都是會變的，我自信只是因為我是上帝的孩子。

因此，我能充滿信心而誠實地寫作，並不是因為我是個好作家，而是因為我相信自己是上帝的孩子，所以我有權表達自己的觀點。寫作是我的夢想之一，我要實現自己的夢想，因為上帝不僅與我同在，也存在於我的心中。我相信是上帝為我創造了這些夢想，所以當我實現這些夢想的時候，奇蹟就會發生。上帝的孩子就要勇敢、大膽，並且內心充滿喜悅。即使我失敗了，又有什麼關係呢。上帝仍會拯救我，那是他的天職，他是我的父親。如果我與世無爭，如果我並不在乎自己是否是最好的家長或者是最好的家庭主婦，這並不是因為我沒有自信，而是因為我既然是上帝的孩子，為什麼還要和別人在某一方面競爭呢？既然我已經中了大獎，為什麼還要和別人爭一毛錢呢？

倘若我只有自信而不謙虛，那是因為我還沒有充分認識到大家每一個人都中了大獎，同一個上帝存在於每個人的心中。如果我不願意幫助別人，那是由於我沒有意識到上帝是披著別人的外衣來接近我的；假使我只有自信而不謙虛，那麼我的頭腦就是閉塞的。假使我的頭腦是閉塞的，那麼我的心靈就是閉塞的。而心靈閉塞太可悲了，這樣心靈就死亡了。因為如果上帝無法走進你的心靈，就不能再成長了。不過你可以避免這樣的情況出現，你可以敞開心扉，給上帝騰出足夠的空間。

無論人們讚美還是批評我的作品、觀點、信仰，我都始終保持著一顆謙恭的心。因為其實這些讚揚和批評都不是針對我個人的，我們都在試圖探尋真相，所以當別人提出不同的觀點時，我從不退縮，而是勇敢面對。不過這些人並不是我的敵人，我唯一的敵人只有自己心中的驕傲。

我是上帝的孩子，大家也都一樣。每當結識一位陌生人時，我都把這當成是上帝向我發出的邀請，邀請我認識祂新的一面。在這個世界上有多少人，上帝就有多少面孔。我覺得正因如此，祂才不停讓人類繁衍，讓我們互相結識，增進對祂的瞭解。所以我記住每一位我見到或者聽說過的人，無論對方是怎樣對待我的，也不管對方是怎樣的人。作為上帝的孩子，我們都同樣重要，都比太陽還要耀眼，我們一定要認識到這一點。

我希望我的孩子們都能永遠把自信與謙虛銘記在心，這兩者是金幣的一體兩面：因為你是上帝的孩子，所以你要自信；因為大家也和你一樣都是上帝的孩子，所以你要謙虛。

在紛擾的世界裡，找到內心的平靜

最近我在尋找一些好辦法讓自己的心情平靜下來，從容面對生活。但我找到的方法大多要求我在精神崩潰以前就該先準備好，提醒自己要保持一顆平常心。這些提議都不錯，也多少讓我心平氣和，但是我一天到晚和三個小孩生活在一起，而他們從一大清早開始就千方百計讓我不得安寧。所以無論我讀多少書、寫多少文章、祈禱多少次、練多長時間瑜伽，也沒辦法始終保持心平氣和，因為我的對手實在太強大了。

有天晚上，我們一家五口正在吃晚飯，邊吃邊說笑，聊著克雷格一天的工作，安排著週末計畫，十分開心。然後我和克雷格提議，飯後應該讓孩子們洗碗，結果真是自作自受，孩子們一聽便馬上又哭又鬧又尖叫，還把腦袋往桌子上撞。場面混亂不堪，一發不可收拾。

我知道有些媽媽可以泰然自若地處理這種情況，孩子們大吵大鬧大發脾氣，能夠面不改色、一心不亂，最多面露疲憊的苦笑，心想：畢竟是孩子嘛。之後就冷靜地去做該做的事情，但我卻做不到。遇到這種情況，我的第一個反應就是徹底崩潰，這些混亂意味著我把自己的生活和家裡每個人的生活都毀掉了，我們的家庭生活一團糟，我完全無法忍受這樣的鬧劇。我恨不得撕碎自己的衣服，栽倒在地上，大聲咆哮、哭喊：我再也無法忍受了！我想讓自己的痛苦與焦慮迸發出來，索性火上澆油，豁出一切的沉溺在崩潰後的歇斯底里中。

但克雷格覺得這樣處理對誰都沒有好處，因此在養了幾年孩子後，我意識到自己需要找到一種有益的方法，重新拿回失去已久的平靜。我現在的精神狀態實在太糟了。

我想介紹一位作家，瓊．迪迪安。迪迪安女士是一位嚴肅的作家，她在寫作時運用的每個詞語都相當準確而恰當。我在她寫的〈自尊〉一文中重新找到了失去已久的平靜：

曾經有人告訴我，止住哭泣的最有效方法就是在頭上罩一個紙袋子，這好像有某種生理學上的依據，與氧氣有關，不過我覺得單是心理效果就已經很明顯了。在頭上套著紙袋子的情況下，你很難再去幻想自己是《呼嘯山莊》裡的凱茜。同理，當你沖冷水澡的時候，心醉的感覺、憐憫的感情，或者情欲，全都會被沖刷得一乾二淨。

是的，迪迪安女士，你說得沒錯。其實能夠幫助我們過好一天生活的就是這樣簡單易行的小撇步，可以使我們重新獲得內心的平靜。有時我們需要的並不一定是一項艱難的事業、育兒哲學、鄰居或者丈夫的安慰，而只是一次深呼吸、一杯水或者一個紙袋子。

現在我家裡三個房間的地板上都放著紙袋子，當孩子們開始發瘋，我就拿起一個紙袋套在頭上，躲在裡面呼吸，清靜一會，告訴自己事情並沒有那麼糟糕。

我在每一個袋子上都畫上笑臉，孩子們關於媽媽的童年回憶裡就會出現這些笑臉。而且我喜歡袋子上的這副表情，儘管袋子裡我的那張臉正皺著眉奮力呼吸。套上袋子之後，我通常會豎起大拇指，呼應那張笑臉。如果你也打算在家裡採用這種方式，那麼我給你一個小建議：不要在袋子上給眼睛剪兩個洞。我試過一次，結果一切都完了，因為你透過這兩個窟窿仍然能夠看見外面一片混亂的景象，而孩子們也同樣可以看見你那雙瘋狂的眼睛。所以，千萬不要挖那兩個窟窿。

透過這樣的小撇步，可以充分認識到，其實我們應該以輕鬆的心態面對嚴肅的生活。

第四章

在信仰之中成為一個更好的人

獻給羅伯特

我們總想把天堂搬到人間來，有一次我們終於成功了，我見到了人間天堂。

許多年前，我為了幫愛滋病研究募捐而參加了自行車慈善活動。成千上萬的人從北卡羅萊納州到華盛頓特區騎了二八〇英里的路程籌集資金，我是其中之一。

在此之前，我從沒有參加過任何慈善活動，只在春假時去過一次印第安保留地，而且還是為了去弄到佩奧特掌提取的致幻劑。我討厭吃苦受罪，連找鑰匙打開一扇很難打開的門，我都覺得辛苦得想掉淚，我受不了在手提包裡翻來翻去找鑰匙，挨個把鑰匙放進鑰匙孔裡轉動，錯了再換另一把，一邊試一邊流汗，忍受手提包晃來晃去，孩子們連連抱怨，這些都讓我痛苦不堪。

蔡斯八歲的時候，開始問我一些髒話的意思，於是我決定乾脆把髒話都教給他，這樣他就不會好奇了。但我沒法大聲把那個以F開頭的字大聲告訴他，不過蔡斯說：「沒關係，我知道那個字，就是你打不開門的時候說的那個字，對吧？」「是的，就是那個字，但你不要說那個字。」

儘管討厭吃苦受罪，我還是參加了為愛滋病籌集資金的活動。其實我也不清楚自己究竟為什麼堅持一定要參加，好像只是很想這麼去做，像是受到了上帝的神祕感召。

這趟長途自行車之旅，真是受罪，我從七歲起就再也沒有騎過自行車，自己連一輛自行車都沒有。每次達娜讓我和她一起騎自行車練習的時候，我都只是坐在沙發上不動，我閉上眼睛，告訴她我會憑藉意念在幻覺中練習。儘管在活動開始前，我暫時戒菸戒酒為活動做準備，但是直到活動開始的那一天凌晨兩點之後，我才正式暫時和菸酒告別。在此之前，我那些酗酒的朋友們曾告訴我這是一個戒酒的好方法，但我並不這麼認為。

這次活動中，我們每天在三十五度的高溫前進一百英里。我們的屁股上都磨出水泡，必須塗一種特製的藥膏。一天的征程結束後，我們就鑽進卡車裡，脫下被汗水浸透的短褲去淋浴，然後就搭起帳篷睡覺。我們就像在參加胡士托音樂節，只不過沒有音樂和毒品，只有痛苦作伴。夜裡，總是受到《綠野仙蹤》裡才有的暴風雨侵襲，更不幸的是，帳篷還漏水。結果我們就只能整夜睡在冰冷的小水窪裡，直到聽見警報的聲音，知道自己又該上路了。這時我們起床，把頭盔戴在被雨水淋濕的腦袋上，把又紅又腫起了水泡的屁股放在自行車座墊上。幾乎每天我都是流著淚完成一天的任務。

雖然掉眼淚的不只是我一個人，很多人都哭了，但我卻是唯一一個由於菸癮和酒癮大發作而哭的人，大家落淚是因為太陽太毒，是因為看到其他同伴的意志比自己堅定，是因為在沿途看到很多人衝著我們吹泡泡、吹口哨，舉著海報向我們致意，上面寫著：你們是英雄。這使我們心碎，英雄在痛苦的時候，也會落淚。所以我們大家都流著淚繼續自己的征程。

那時我和達娜、克莉絲蒂在一起生活，克莉絲蒂覺得我們倆參加這項活動簡直是瘋了。她火大的主要原因是活動期間我們沒法像平時那樣，三個人每晚一起邊喝葡萄酒邊看《危險邊緣》智力問答競賽節目了。四個晚上沒有我們倆的陪伴，克莉絲蒂就難以忍受了，於是她便開車到北卡羅萊納州我們的露營地找我們，給我們送來了餅乾。之後她找了一家環境不錯的旅店留宿，我拜託她帶我到那裡去睡覺，但她一口回絕了，並斷言，將來有一天我會因為她拒絕了我而感謝她。儘管現在距離那次自行車之旅已經過去十幾年了，但我好像還是沒有為這件事而感謝她的意思。第二天早上，克莉絲蒂又來到了我們身邊，以兩英里的時速開著車陪伴在騎著自行車的我和達娜身邊。雖然別的車不停按她喇叭，但她不理會，仍舊一連好幾個小時一邊吸著菸，一邊唱歌為我們加油。這才是真正的朋友。

沿途有許多休息站，每隔幾個小時我們就會在路邊停下來休息。義工們在休息站搭起大帳篷，為受傷的人包紮傷口，給虛弱的人吸氧氣，帶生病的人去醫院。我通常利用這段休息時間吃東西補充能量，塗藥膏，然後流更多的眼淚，出汗太多很容易長粉刺，這讓我鬱悶，因為我們的同伴中有一個很帥氣的男孩似乎對我有點意思。因此，我在口袋裡放了一個小鏡子，但褲子很緊，搞得我很不舒服，每到一個休息站，我就在那個男孩看到我之前，趕緊把鏡子掏出來，對著鏡子往臉上塗藥膏。達娜相當鄙視我的做法，記得有一次她在休息站大口喘氣，一邊把水瓶裡的水澆在頭上，一邊對我說：「瞧瞧你吧，我們都快死了，你還在精心打扮自己呢。」而我卻回答：「至少我不會滿臉粉刺地死去，那樣就死得太難看了。」我在心裡盤算，旅途結束之後，我就又有個約會對象了。

我們在灼熱陽光下艱難前進，心中不時感到後悔。每當我們身陷絕望，就會看到前方又有一座山頭等待我們去翻越。一座又一座山峰，層巒疊嶂，每當我們覺得就要順利完成任務之際，眼前卻又出現另一座嶄新的山脈。我忽然非常憤怒：這到底是怎麼回事？為什麼我們要在這麼惡劣的條件面臨如此嚴峻的挑戰？我們做的可是善事啊，為什麼上帝要這樣難為我們？

但無論如何，沒有人中途退出，即使像我這樣的人也沒有放棄。沒人把怨言吐出來，大家只是心照不宣。不過當又有一座山出現在我眼前時，我清楚意識到，自己真的再也沒有力氣越過它了，我已經精疲力竭，心有餘而力不足。但就在這時，一位清瘦、灰色皮膚的禿頭男人也騎著自行車，來到我身邊，和我並排前進。他雙頰塌陷，眼睛深陷在洞穴般的眼窩裡，雙腿細得只剩下骨頭，整個人瘦骨嶙峋。我迷惑不解地看了看他，他似乎看出了我的痛苦，而後把手放在我的後背上，對我說：「休息一下吧，我來推你。」我流著眼淚不再踩腳踏板，任由自己被他推著。

我真不知道他是怎麼做到一隻手扶著車把，一隻手放在我的後背上，一邊騎著車，一邊推著我。我只是感覺到我們一起慢慢地越過了那座山，然後到達了山頂。我跟他道謝，但他卻認真凝視著我的眼睛回應：「謝謝你。」而後他就離開我了，騎回到山腳下，去幫助更多有困難的同伴。我注視著他遠去的背影，發現像他這樣的天使至少有二十位，這些身材瘦削的男人都在幫助女人們，推著她們上山、前進。他們在沿途的那些高山的山腳下等候著我們，因為他們知道我們已經沒有力氣自己騎上去，所以特意在那裡接應，依序幫助我們，直到所有人都到達山的另一邊為止。

後來我才知道，他們被稱為艾滋天使，他們已經病得很重，許多已經進入愛滋病末期，但依然去參加每一次全國愛滋活動，專門等在山前準備幫助健康的同伴們。

這些人儘管正在和死神抗爭，但他們卻是最堅強的，身體最虛弱的卻是精神上最堅毅的。直到今天，我仍對此感到驚歎，是他們把我帶到了山頂上，讓我升入了天堂。

當我們到達華盛頓特區終點，我又一次走進了天堂。成千上萬的人在迎接成千上萬的我們。特區的街道上到處都是歡呼、尖叫、哭泣著的人，人聲鼎沸、震耳欲聾。我透過淚水注視著眼前的一切，已經什麼也聽不到了。他們來歡迎我們，是因為我們為愛付出了這麼大的努力，他們來向我們道謝。我在人群中看到了我的朋友們，他們舉著標語，上面寫著：「我們真為你感到驕傲，格倫儂！」接著我又看到了妹妹、布巴和提莎，他們也舉著標語，但我已記不清上面寫的是什麼了，因為留在我記憶中的是他們臉上流露出的表情——充滿善意的力量。人群吹著口哨、搖著鈴，用擴音器大喊：「我們愛你們！」啦啦隊員們都雀躍著，消防車鳴著警笛，孩子們舉著標語：「上帝保佑你們，英雄們——上帝保佑我們大家。」我前後左右所有參加活動的同伴們，沒有一位不在流淚。互相攥住彼此的手，淚水和汗水交織，之後又和想和我們親近的孩子們握手，再把淚水和汗水帶給他們。現在無論我們是同性戀還是異性戀，是年輕還是年老，是健康還是在死亡終點前掙扎，都一起經歷了一段無比真實的體驗。雖然在這過程中我們感受到了深刻的痛苦，但最終我們同舟共濟，一起到達終點線。

遇見內心的上帝

每個人說話
都是上帝在說話。
因此我們為什麼不能有點禮貌
認真聆聽
他說的話呢？

——哈菲茲

我愛上帝，不管他是什麼樣的存在，我都非常想親近他。想要接近一位母親，最簡單的方法就是對她的孩子們友好，對他們和善、溫柔，看到他們的與眾不同之處。同樣，由於上帝是我們所有人的父親和母親，所以我覺得也許接近上帝的最佳方式就是對他的孩子們友好，對他們和善、溫柔，看到他們與眾不同之處。我們很多人都試圖從書本中尋找上帝，但也許接近上帝最簡單的途徑就是直接透過他的孩子們的心找到他。

最近有一位朋友送給我一本書，名為《合十禮》，作者是一位牧師，跟隨德蕾莎修女學習她的精神。我非常喜歡德蕾莎修女，欽佩她的作為，尤其是做事的動機。我認為她是依據真理而生活，因此我很敬佩她。

德蕾莎修女幫助患有痲瘋病、窮苦無助、馬上就要死在加爾各答街道上的人，並不是由於耶穌讓她這麼做，而是因為耶穌患了痲瘋病、窮苦無助，馬上就要死在加爾各答的街道上。由於她把耶穌當作上帝去崇拜，所以她覺得自己應該向他伸出援手，因為上帝就要孤立無援地死在大街上了，這時我們不去幫助他，反而到教堂去膜拜他，這是沒有意義的。她認為，如果我們為兩千年前被釘死在十字架上的耶穌而流淚，反而不為他今天的慘死而悲泣，那麼做是很愚蠢的。因為此時此刻的今天，耶穌馬上就要在加爾各答、海地、華盛頓特區或者高中校園的走廊裡死去。

德蕾莎修女在每一個人身上都能看見上帝。當她抱著瀕死的痲瘋病患者，為他擦洗傷口時，她並沒有想像著自己正在幫助耶穌有尊嚴地死去，因為她的確是在幫助耶穌有尊嚴地死去。正如她自己所說，她正在抱著「化身為窮人的耶穌」。她深深懂得每一個人都是耶穌的化身，也完全領會合十禮的真正涵義：「我心中神聖的光芒與你心中的神聖之光交相輝映，我尊敬你。」我心中的上帝看見了你心中的上帝，我心中的上帝尊重你心中的上帝。因此，當她和別人相遇時，總是雙掌合於胸前，十指併攏，微微鞠躬問好（Namaste）。當她渴望看見上帝的時候，既不抬頭仰視，也不望向一旁，而是聚精會神地凝眸注視著坐在她面前的那個人的眼睛，這樣做更難，但卻更真實。

關於這件事，我和上帝談過。不過我還是不會去加爾各答，像我這樣的人實在不適合到那兒去，我只是大家的姐妹，畢竟不是慈善天使。你們明白我的意思。

但我透過收看新聞和密切關注朋友們的生活，瞭解人們經受的痛苦、心中的孤獨、過去的傷痛，發現其實加爾各答存在於世界的每一個角落。我們每一個人都生活在某種貧困之中：希望的貧困、和平的貧困、愛的貧困。從某種意義來說，我們都在貧困底線上掙扎。德蕾莎修女曾說，物質貧困是最容易減輕的。由於大家都在遭受貧困的折磨，由於每一個人都是上帝的化身，所以我要友好地對待所有人，至少不給別人增加痛苦。

因此，我決定對自己遇到的每一個人鞠躬，只是微微點一下頭就夠了，為的是提醒自己，無論我在和誰說話，不管是孩子、校長、加油站服務員、朋友、敵人還是克雷格，其實我都是在和上帝對話。

我一邊微微鞠躬，一邊在心裡問好，我心中的上帝看見並尊重你心中的上帝。

我在腦海中問好，就像正統派猶太教信徒為了提醒自己他們生活在上帝的手掌之中而戴圓頂小帽一樣，就像伊斯蘭教信徒為了提醒自己時刻不忘真主而每天祈禱五次一樣。倘若我們認真觀察這個世界，就會發現世界上的人們都是那麼美。我微微鞠躬，在心中默默向人致意，這也是為了提醒自己什麼是真實的，告訴自己生活多麼美好，自己邂逅的每一個人都是上帝賜予我的禮物。

也許你會覺得我說的這一切有些荒唐，不過你這麼想，我並不介意。羅賓・威廉斯曾說：「你與生俱來的性格中迸發出一絲瘋狂的火花，不要浪費他。」也許這個世界恰恰需要一些瘋狂的愛，所以我不僅很珍惜自己心中那一絲瘋狂的火花，而且想擦出更多的火花，於是我向別人鞠躬致意。當我開始這樣做以後，奇蹟發生了，我在哪裡都能看見上帝。

這個小小的動作去除了以前經常盤旋在我腦海中縈繞不散的雜念。現在我終於發現，世界上的萬事萬物與每一個人都充滿了神性，包括我自己。

真正的愛並不溫暖

想要以「活出自我」這樣的姿態去生活是相當不易的。我的大部份讀者在現實生活中並不認識我，但對於那些認識我的人來說，有時他們對此會覺得心裡不舒服，尤其是我的家人和朋友們，鄰居們大概也是，因為他們如果讀了我寫的文章，就會對我的生活瞭解得太多。當我碰到他們，他們和我打招呼問好時，我會覺得有點可笑，因為他們已經知道我究竟過得怎麼樣。我寫的文字使我們之間更親近的同時也更疏遠了。現在每當我結識一位陌生人時，立刻就能從他的表情中分辨出他有沒有看過我的文章。每次有人邀請我一起喝咖啡時，我就想對他說：「好啊。不過你能不能帶來詳細記錄你個人生活的四百頁文字，這樣我們就可以公平地往來了。」

很多時候，想要活出自我對我而言是十分不易的。

我非常喜歡寫作，寫作不僅能為我療傷，還能滿足我內心深處那隻不老實、自處亂竄的貓；不僅可以使我領悟許多道理，還可以使我的生活更有意義。

最近我寫了一篇文章，傾訴了自己的希望與夢想，還說了我認為自己的第四個孩子應該在盧安達，我想收養一個盧安達孩子。結果有一位讀者竟然這樣回應我：「你好，格倫儂，我可不可以輕聲提醒你？你本來就有四個孩子，不要把你以前放棄的那一個排除在外哦。我納悶你那麼想收養孩子是不是這個原因，想補償自己曾經做出的錯誤決定吧？」

天吶！天吶！天吶！

首先，我得承認，這個人確實有權做出這樣的回應。我的大部份讀者都很尊重我，並且自動遵守一條不成文的規定：不用我袒露的內心祕密來攻擊我，但這屬於可以打破的禁忌。既然我決定卸下盔甲生活，就要甘願承受他人襲擊的危險。儘管每當我受傷時都非常痛苦，甚至考慮不再寫作，但我仍舊沒有放棄。雖然有時我很想關掉電腦，蜷縮起身體，回到自己一個人的生活中去，保護好自己，可我還是沒有那麼去做。我始終沒有停筆，因為我渴望繼續向大家敞開心扉，去愛每一個人，不管做到這一切有多麼艱難。

真正的愛並不是溫暖、愜意、甜蜜的，而是非常痛苦的。你需要忍受自己的心被撕碎，然後重新拼接好，第二天再把它獻給那個前一天剛剛把它撕得粉碎的世界。你必須忍受悲傷，迎著痛苦向前行，不能躲避。如果別人打了你左半邊臉，那麼你就要把右半邊湊過去。你不僅需要遏制住保全自己的欲望，有時還必須用自己的雙手在一堆糞便中尋找金子。這一切會令你筋疲力盡、痛苦不堪。

我努力像兩千年前的那位木匠那樣去生活。有一次，他站在一座山頂上，向一大群人解釋如何去愛，聽眾們都聽得入迷，被他特別的言語深深觸動，認為他所講的是真理。其實他的觀點不足為奇，只不過是提醒人們對自己要誠實。

我第一次讀到耶穌談論關於愛的那些令人心碎卻又無比真實的言語時，就被深深觸動了。耶穌說，當有人傷害你時，你應該愛他。如果別人打了你左臉，那麼你就要把右臉湊過去，你需要一次又一次這樣做，直到七乘以七十次。我已經寫作五年多了，應該快要接近這個數字了。這樣算來，第四百九十一位傷害我的讀者，我可要對他不客氣了。

但這位對我收養孩子的動機提出質疑的讀者並不是第四百九十一位，因此按照耶穌的說法，我還是得把另外半邊臉湊上去。不過這麼做也有好處，就是在你把臉湊過去的時候，可以避免和對方目光碰撞，把視線投向別處，可以看旁邊，也可以看前面，這樣你就可以看到更好更美麗的事物，你的心情也就平靜下來，掌心也不再冒汗了。

所以我現在看到的就是另外一番景象。我在努力按照我的朋友梅根教我的去「誘發出自己心中的愛」，然後懷著愛去和這位讀者交談。

我想收養孩子是因為：第一，我關心別人，尤其關注那些無助的人，而且我在當老師時曾接觸過貧困中的孩子，非常同情他們；第二，我是一位很愛孩子的母親，而且在經濟上並不拮据，和丈夫相處得也不錯，在物質上和情感上都有能力、有條件再多撫養一個孩子；第三，我懷有信仰，想幫助陷入困境中的人。鑒於世界上的所有事情之間都有千絲萬縷的聯繫，所以我並不想千方百計論證，我曾經墮胎與我現在想收養孩子這兩件事之間沒有一絲聯繫。

但這位讀者的觀點是，我渴望透過領養一個孩子來減輕自己以前墮胎的罪惡感。

首先，我要交代清楚，對於自己曾經墮胎這件事，我心中沒有一絲罪惡感。我知道這麼說會讓某些人聽了心裡不舒服，因為在他們看來，如果一個基督教徒墮胎，應該捶胸頓足、懊惱不已地懺悔，之後痛定思痛，到處遊行，號召大家摒棄墮胎這種不道德的做法，流著眼淚對圍觀的聽眾懺悔，說自己犯下這輩子最嚴重的罪行，現在自己每天晚上都為曾親手扼殺掉的那個早已升天的孩子祈禱。折騰夠了之後，大家終於原諒你，也接受你，於是你榮登一系列雜誌封面，還成了海報女郎。

但我可不會那麼費事，因為在我看來，那些都是瞎掰。有些人覺得這麼做有其意義，我也尊重別人的觀點，不過我不這麼認為。在當時的情況下，我只能那麼做，別無選擇，而且可以說，我已經盡力了。我道歉過，但是向自己道歉，因為我很同情當時的自己，我可憐自己有那樣的遭遇，可憐自己不僅必須經歷那樣可怕的一天，而且在那一天的之前和之後，我的日子也很不好過，我感到既迷惘又痛苦。所以我不但不為此感到羞恥，反倒為自己能夠經受住那樣的痛苦而感到自豪。我原諒了自己，因為我知道，無論是在我墮胎之時，還是之前和之後，上帝從沒有拋棄過我，他一直與我同在。

馬婭．安傑盧曾說：「那時我只能做自己力所能及的，現在我力所能及的事更多了，我也做得更好了。」阿門。我的精神世界已經被愛、夢想、激情填滿了，沒有空間容納羞恥這樣抽象而徒勞無益的感受。羞恥只不過是一種虛無的幻覺。

我也不明白為什麼那些人認為墮胎算是個大問題，雖然我並不為此感到羞恥，但我也不提倡這種做法。不過我認為倘若你實在無法接受，那麼你可以去男孩女孩俱樂部當義工輔導老師，給孩子們多一點愛，為他們指明道路，以免他們長大後誤入歧途，那時再帶他們去看心理醫生，也許就只能亡羊補牢了。指責一位作家十幾年前墮胎，這麼做絕對毫無意義。

如果有一位年輕的朋友告訴我她懷孕了，打算墮胎，那麼我和克雷格會擁抱她、安慰她，告訴她我們愛她，並且給她提供以下幾種選擇：

我們會對她說，她可以和我們住在一起。我們能夠照顧她，並給予她經濟上的幫助。如果她想把孩子生下來，那麼我們可以幫助她一起開始建立自己的新生活。

我們還會告訴她，如果她不願撫養這個孩子，那麼我們可以為她養育這個孩子。

如果她決意要墮胎，那麼我們可以陪伴她一起經歷那場苦難。我們會讓她知道，她做完手術的那一天和剛剛出生的那一天所得到的愛一樣多。

我們能夠互相給予的最有意義的就是愛，不是意見，不是對對方選擇的質疑，不是對未來的建議，只是純粹的愛。

追尋你生命中真正重要的事

昨天我碰到一位老朋友，她告訴我她讀了我的文章，非常喜歡。「非常感謝你寫了這麼多好文章。」我既沒有忸怩作態不好意思，也沒有假裝謙虛，只是回答了一聲「不客氣」。優雅接受別人的讚賞和批評不是一件容易的事，不過我正在學著這樣做。

接著她又說：「「不過你是不是透露了太多關於自己私生活的細節呢？你有沒有擔心過，假如將來有一天你需要重新找一份工作，別人考慮到你的過去，都不願意錄用你？」

沒有，我從來沒有為這點擔心過。

和她告別以後，我奔回家裡，一進門就衝著樓上大聲喊：「老公！你有沒有擔心過，假如將來有一天我需要重新找一份工作的話，沒有人會錄用我，因為我公開透露了太多關於自己過去生活的細節？」

「我想過。」

「那你為什麼從來都不跟我提起這件事？」

「因為太遲了。」

如此看來，由於我說了太多實話，所以害得自己永久失業了。不過對此我只有一句話要說：這樣我是不是就可以永遠沉浸在寫作帶來的喜悅之中了？

想到這裡，我興奮得快要窒息了，決定索性胡編亂造幾件我根本沒有幹過的荒唐事來確保沒有人會雇用我。

退休了！退休了！永遠退休不用上班了！永遠可以隨心所欲穿著瑜伽褲做自己想做的事了！太棒了。

用心靈的耳朵去聆聽

某些情況下，髒話比祈禱文更能帶給人安慰。

——馬克・吐溫

很多讀者就我使用髒話的問題寫信給我。他們覺得不敬的言辭不僅冒犯了上帝，也令他們很不舒服。我很在意讀者們的感受，如果他們因為我的文字而受到了傷害，那麼我就要好好反省一番。

也許上帝把所有的髒話列了一張單子，並且把我們講過的次數記錄下來。雖然每個國家、每種文化、每個時代的人們都有自己不同的下流話，但也許上帝認為我們不應該說這種話。

或者，其實上帝認為我們不應該說的其實是人們常常在光天化日之下明目張膽地說一些極為有害的話，比如流言蜚語、忘恩負義、種族歧視、性別歧視、階級偏見、冷嘲熱諷、虛偽卑鄙、傲慢輕蔑、冷漠無情，甚至包括一些討厭的短語，例如：「這可不是我的問題。」「先為自己著想」等，其中最糟糕的要算：「值得救助的窮人。」難道還有不值得救助的窮人嗎？

倘若一位修女可以借助髒話表達自己的意思，道出自己的真心話，更方便和他人交流，我認為耶穌會同意她使用的。因為我覺得耶穌最看重的是真實。

最近我收聽了一個電台的佈道節目。佈道的牧師來自國內最大的教堂之一。他激情洋溢地陳述自己的觀點，堅稱基督教徒們應該遠離世俗音樂，並以說唱樂為例，充滿厭惡地論證世俗音樂有多麼下流。他認為成年基督徒們應該不惜一切遠離這種腐蝕人心靈的東西。

對於這場佈道，我必須說點什麼。

有時我會聽黑幫說唱。不要笑，我喜歡藝術，欣賞一切真實、自然的藝術形式，有的說唱樂很符合我的口味。每當我聽到一首以貧窮、暴力、憤怒、絕望為主題的歌曲時，我往往覺得耶穌會喜歡這首歌的。我想他一定不會覺得它粗俗，對它嗤之以鼻，然後堵住耳朵跑掉，這種所謂的粗俗不會冒犯耶穌。事實上，耶穌從沒有被粗人冒犯過，只有法利賽人冒犯過他。耶穌說他們是毒蛇、偽善者，金玉其外，敗絮其中。

如果耶穌是那位牧師的話，我認為耶穌一定不會告誡自己的信徒遠離那種音樂，而會讓他們調大音量，認真聆聽，即使那音樂讓他們覺得很不舒服。他會告訴他們要去傾聽受到壓迫與排擠的人的心聲。他會說：「這聽起來很像《聖經・舊約》中的詩篇，對嗎？」我認為耶穌會讓他的追隨者們去聆聽歌曲中表達的絕望與憤怒，之後問自己：「我對這一切負有什麼責任呢？作為生活在他們周圍的人，我能為他們做點什麼來減輕痛苦呢？」耶穌並沒有說過：「愛你周圍的人，但如果他冒犯了你，就躲開他。」倘若你真心愛你周圍的人，關注別人的疾苦，就不會動輒覺得對方表達自己的痛苦是在冒犯你。

如果這位牧師對於貧窮以及陷於貧困中的痛苦的人如此反感的話，那麼我覺得也許他不應該告誡那群富裕的會眾遠離這些粗俗的東西，而應該建議他們少去購物中心，在教堂吃些簡單的飯菜，省下些時間和金錢，接濟一下窮苦的人。也許他們應該見見歌曲中提到的這些人，應該到監獄裡和大街上去幫他們一把，像耶穌那樣去做，而不應該躲得遠遠的。

最近一位牧師對我說：「如果把信仰之池比作游泳池的話，現今的人們都喜歡在淺水區嬉戲，而我游到了深水區，發現那裡別有一番天地。」

在信仰之池的淺水區玩耍是很容易的，你可以無憂無慮泡水，一邊欣賞指甲，一邊聊天；你可以隨心所欲、滔滔不絕說話，與此同時還能保持自己的髮型和妝容完美無瑕，這一點對淺水池裡的人來說還是很重要的，因為隨時可能有人會偷拍你。待在淺水池裡，你會感到既輕鬆又愜意，連學游泳都沒有必要。

而深水區那邊則往往十分安靜，因為那裡的人都在游泳。在那邊，你必須不停游動，無暇顧及自己的髮型和妝容。你不僅會感到些許疲憊，而且還會有點害怕，因為這裡只有你自己和一片靜寂的深水。這裡沒有什麼人聊天，你只能獨自一人。由於你的腳尖搆不到池底，所以只能相信水的浮力可以托起你的身體。在深水區，你只能浸泡在水裡，不停游泳，奮力呼吸。

本篤會修士居住在世界各地的修道院裡，遵守創建者聖班尼迪克很久以前定出的規章制度。在我想方設法化解自己的內心衝突，思考關於友情、家庭和藝術的問題時，我曾認真研讀過這些規章。以下是我最喜歡的一段：

要堅持：包容別人身體上的缺陷和行為上的缺點。倘若和別人發生爭執，先原諒別人，再等待別人原諒自己。

因此，如果你認為說髒話是缺點的話，那麼請你包容那些說髒話的人，並原諒他們。如果你認為不能容忍別人說髒話，認為這是缺點，那麼也請你包容那些不能容忍別人說髒話的人，並原諒他們。另外，聖班尼迪克還說過：「要用心的耳朵去聆聽。」只有堅持做到這一切，你才能在別人身上發現上帝，才能游向信仰之池的深水區。

通往彼此靈魂的橋樑

不要問這個世界需要什麼，問問自己什麼事情可以使自己對生活充滿激情，然後就去做。因為這個世界需要的就是對生活充滿激情的人。

——霍華德．瑟曼

我認為上帝賜予了我們每個人一項或兩項天賦，這樣我們都可以送給別人一些特殊的禮物。但有時我們卻誤認為自己的優點在別人看來不足為奇，所以也不覺得自己具有的天賦是與眾不同的，並且是值得作為禮物送給別人的。比如，我既是一個好作家，也是一個好的聆聽者。當我的朋友們想起我的時候，他們就會想到這兩點。但我卻一直不知道自己的這些長處，直到有一天下午在我朋友蜜雪兒的廚房裡，我才知道原來自己具有這樣的特質。

當時我們正在聊著即將開始的派對，我對她說：「唉，蜜雪兒，每次參加派對我壓力都很大，因為大家都帶自己美味可口的拿手菜，我卻兩手空空，什麼也拿不出來。看到大家帶來的美味，我覺得很不好意思，所以有時候我就只好避開這樣的場合。要是我在去派對的路上，到商店買袋薯條又不太合適，我真不知怎麼辦才好。我們家貼著一句標語，寫的是：『我們可以克服困難，渡過難關。』但有時我覺得應該在下面加一句：『但有些簡單易行的事情，我們卻做不到。』」

聽了我的話後，蜜雪兒說：「是啊，你沒有帶來什麼美食，但卻帶來了一些特別的東西。我喜歡和你聊天，你有一種與眾不同的說話方式，使我在談話中覺得自己很重要。而且你總是認真傾聽我說的每一句話。所以你能來參加派對，我非常開心。你是非常棒的聆聽者。」

這使我感到很欣慰。

後來每當人們邀請我去參加派對，問我會帶什麼禮物，我就會回答：「我會帶著自己這對了不起的耳朵去。」如果對方喜歡我，就會明白我的意思，也會因此很開心。如果對方不理解我，那麼他就不會再邀請我了。這樣很好，對誰都沒壞處。

我的另一項天賦是寫作。

達娜是我最好、最知心的朋友之一。最近她的父親去世了，打擊非常大，直到現在她依舊沒有完全恢復。達娜最愛的就是父親，她準備了悼詞，打算在追悼會上朗讀，以此悼念父親並表達對他的愛。在一週後的追悼會上，她忍受著內心極大的悲痛，站在幾百位親朋好友面前讚頌了父親的偉大。這一幕深深印刻在我的記憶裡，達娜是我認識的人中最勇敢的。

舉行追悼會幾天前的一個晚上，達娜請我幫她修改悼詞。她寫得非常好，我以一個專業作家的眼光仔細讀了好幾遍，給她提出的唯一建議，就是把第三個段落中的「但是」改成「以及」。其實達娜並不是真的需要我，她只是因為想到我是一位作家，所以才讓我為她修改悼詞。也是由於我的作家身份，所以我才能受邀去參與她家庭生活中最重要的活動。能夠第一個讀到她為父親書寫的飽含深情的信，我感到非常榮幸；能夠在追悼會上陪伴在她身邊，我感到十分欣慰。

由於我具備寫作的才能，所以我陪伴朋友們一同經歷了許多他們生命中重要的時刻。

我的朋友喬伊和她的未婚夫布羅克請我幫他們寫結婚誓言，我做得相當不錯，以至於我覺得我們三個人，喬伊、布洛克和我，一起結婚了。寫作這項天賦成為了我走進別人生活的通行證。

我們的天賦都是走向彼此的橋樑；別人的天賦也是走進我生活的通行證。

我朋友吉娜的天賦是舉行派對。她不僅用自己美麗的家招待大家，而且全心全意歡迎所有應邀前來參加派對的朋友。她為朋友們敞開家門，邀請大家一起來慶祝眼前美好的生活。她的天賦就是在家裡營造一種氛圍，讓朋友感受到愛，感覺自己受到了尊敬。我最近四年的生日派對都是由她為我主持的。每年耶誕節她都會舉行盛大的宴會。舉行派對可不會帶給她任何壓力，她非常喜歡這麼做，這是她的強項。由於她把自己的這項天賦作為禮物送給了我，所以每當我們家舉行任何慶祝活動時，她永遠是我們的核心人物。正因如此，她的這項天賦在我倆的生活之間架起了一座又一座橋樑。

妹妹最好的朋友叫艾莉森。艾莉森是一名攝影師，出色的藝術家。上帝賜予她的天賦就是捕捉生活中重要的時刻，用相機記錄下來。所以她的親朋好友們都在特別的日子裡邀請她幫助捕捉那些美妙的時刻，以便永遠珍藏起來。艾利森的存在也因此成了他們美好記憶的一部份。儘管她總是安靜、不聲不響地出現在每一個重要的場合，喧鬧的人們也許當時都沒有注意到她的存在，但透過她拍攝的那些照片，你會發現她的眼睛存在於每一個角落，她洞察並記錄下了當時每一個有意義的瞬間。

有時我們誤認為天賦一定會為自己帶來金錢、名譽或巨大的成功。但其實這樣的情況只會發生在少數人身上。對大部份人而言，天賦帶給你的是喜悅。你需要去發現那件做起來能真正帶給自己喜悅的事情，不要去考慮結果。也許你的天賦是去做一件非常重要而且有益的事情，比如做一個很好的傾聽者，或者你擁有的是一種奇特而與眾不同的天賦。例如，我妹妹的諸多天賦之一就是在二手店找尋物美價廉的寶貝。她總是穿得像個電影明星，每當有人誇獎她漂亮的打扮時，她就會眼睛一亮，興奮地說：「五十美分！這是我花了五十美分買到的！」接著她通常會把衣服送給誇獎她的那個人。雖然這種做法有點可笑，但她做的是一件十分有意義的事情，因為買二手衣服非常環保。不過最重要的是，做這樣的事情能夠使她對生活充滿激情。這是她的天賦，能夠帶給她快樂和滿足。快樂的人可以使這個世界變得更加美好。

寫作能夠給我帶來快樂與滿足，我的天賦恰好成為了我的職業。不過我最快樂的時刻並不是別人祝賀我書籍出版的時候，而是我完成了一篇文章，它確切表達了我的想法的時候。清楚表達自己的觀點，這能夠帶給我真正的喜悅。儘管你的天賦可以為你帶來快樂與滿足，但這並不意味著這件事一定是簡單易行的。不過只要你動手去做，最終一定會有人發現你的天賦，想與你一起分享。倘若你願意，那麼你的天賦就會成為一座橋樑。無人問津或者你懼怕與別人分享，這種情況我想應該不存在。拿艾米莉．迪金遜來說，她的天賦是寫詩，但她始終沒有和別人分享。她去世後，詩歌終於被人發現，由此她的天賦成了通往無數心靈的橋樑。所以我認為，不讓天賦成為橋樑反而是很難的。只要我們沒有把自己的天賦棄而不用，那麼遲早有一天有人會發現它，因為我覺得上帝一定非常希望我們的世界有交集，希望我們的心連接在一起，我們能互相走進彼此的生活與記憶裡。我們每一個人都是一座孤獨的島嶼，但上帝賜予了我們各種各樣的天賦，讓我們以此充當橋樑走進彼此的世界、彼此的靈魂深處。

以你自己喜歡的方式去生活

真正的殷勤款待是主人根據自己的想法、按照獨有的方式招待客人，只有清楚認識到自己生活中心的人才能做到這一點。

——亨利・盧雲

當我的世界和別人的世界之間架起橋樑，我喜歡透過這座橋走進對方的生活中，而不大喜歡邀請對方到我的生活中來。比如，我很害怕請別人到我家來做客。有時我甚至聽到敲門聲就躲進浴室，直到門外沒有動靜了才敢出來。

邀請別人來自己家裡是一種非常親密的行為。我的意思是說，我們的家是我們居住的地方，是我們所有亂七八糟的東西、垃圾、氣味、灰塵的聚集地。我曾聽說每個家庭中九十九%的灰塵都是死皮細胞。歡迎你到我們家玩，坐在我們家的死皮細胞堆裡。這樣一想，實在可笑。在我看來，把我們亂糟糟的家暴露給外人看，我很難接受。我可以在文章中袒露心跡，但現實生活中卻會使我直冒冷汗。

上個星期，我的表親們沒有提前打招呼就來我們家。當他們上樓去看孩子們的房間時，我一邊不停深呼吸，一邊手忙腳亂在餐具櫃裡亂翻，最後抓起一盒麵團和一瓶醋，又放下，轉而抓住克雷格的肩膀，緊緊盯著他的眼睛，問道：「哦，天吶！別人平時到底都吃些什麼啊？」

這是問題關鍵，我居然不知道別人平時都吃些什麼。

不過即使我知道別人平時吃什麼，我也不知道怎麼做；即使我會做，我也沒有做這些食物的原料。每當有人打開我的餐具櫃（這時我就開始冒汗），問我：「喂，格倫儂，你的〇〇〇在哪？」〇〇〇指的可能是隔熱墊，可能是乳酪刀，也可能是咖哩粉。但無論指的是什麼，我都只能回答：「不管你問的是什麼東西，反正我都沒有。」

最近有一天，妹妹到我們家來做飯，她經常為了孩子來做飯。她走進廚房忙了一會，我就聽到她大喊：「格倫儂，平底鍋在哪？」我也喊著：「我沒有平底鍋。」

聽了我的話後，她半天沒吭聲，大約嚇到啞口無言。其實對於別人在這種情況下的種種反應，我早已習慣。一會，她又繼續喊：「你沒有平底鍋？那你平時怎麼做飯啊？」我又回答：「是啊，做飯不簡單。」而後她走到客廳，難以置信地盯著我看了整整兩分鐘，好半天才開口，告訴我她用各式各樣的平底鍋來做各種各樣的飯菜，並且質問我家裡怎麼能連一個平底鍋都沒有。

我深呼吸，對她說：「得了吧。我就是沒有平底鍋，那又怎麼樣？其實我也沒辦法。我每天都做靜思禱告，告訴自己：讓我接受自己無法改變的事實吧！然後我就接受了自己沒有平底鍋這個事實。而且說實在的，我覺得你這樣說我有點苛刻。我們不能因為你有各式各樣的平底鍋，就得向你學習。妹妹，非洲有許多孩子饑腸轆轆餓著肚子，我家裡也有三個嗷嗷待哺的孩子沒飯吃，而你卻莫名其妙對我沒有平底鍋這件事橫加指責，還吹噓自己有各種各樣的平底鍋。」

妹妹聽了我的話，也深深吸了口氣，走回廚房，打訂餐電話叫了外送披薩。

所以說，我招待客人的時候，一定得注意避開和平底鍋有關的問題。另外一個問題是水。我早就注意到，客人往往需要喝水，問題是所有我用洗碗機洗好的玻璃杯看起來仍舊不乾淨，所以我擔心如果自己用不乾淨的玻璃杯給客人倒水，對方會覺得我和我的家人也都不乾淨。於是我買了很多瓶裝水，可我又擔心如果給客人們喝瓶裝水，對方會覺得我沒有公德心，缺乏環保意識。似乎無論我怎麼做都不合適。於是每當家裡有客人來時，我就先琢磨一番，具體情況具體分析，看看針對眼前這個人用哪種方式更合適，環保狂就只能用髒玻璃杯喝水，挑三揀四的人就喝瓶裝水。

還有葡萄酒的問題。天吶，我根本沒法用葡萄酒招待客人。在我還是酒鬼時，我一直喝盒裝的葡萄酒，據說如果一個人過了三十五歲還用盒裝葡萄酒招待客人，那麼他就是俗氣沒有教養，而且我始終沒學會開瓶子上的軟木塞，過去我喝酒時，誰喝得起帶軟木塞的瓶裝酒呢？還有，我的所有酒杯都不乾淨，很多還沾上唇膏印。洗碗機啊，你幹得可真不錯，我真不知道要你有什麼用。

除了葡萄酒的問題，還有一系列尷尬事，比如銀餐具櫥櫃總有一堆麵包屑，我的寶貝們經常忘了沖廁所，克雷格也許又忘了清理後院的狗便便。這一切都讓我直冒冷汗，所以我乾脆不再邀請任何人來家裡做客了。

我告訴自己不邀請別人到家裡來也沒有關係，因為我並不擅長款待客人。後來我左思右想，覺得這只是一個沒有說服力的藉口。其實有很多事情是必須去做，無論會不會做。我們可以透過做這些事情成長、休息，與別人增進感情。做這些事情就像呼吸新鮮空氣一樣，不管我們是否願意，每天都應該呼吸一些新鮮空氣，這是有益的。類似的事情還有講真話，這也很難，不過我們應該做到。不是只有愛好戶外活動的人才需要去呼吸新鮮空氣，也不是只有誠實的人才要去講真話，所以款待客人也不是瑪莎．史都華那類人的專利。我認為無論自己住的是豪宅還是陋室，邀請別人來自己家裡做客，都是一件相當重要的事情。我們應該深吸一口氣，然後向別人敞開心扉，吐露自己的心裡話，不管我們覺得這樣做是否很難。寫作無須華麗的辭藻，同理，款待客人也不一定要把餐桌佈置得多麼講究。最重要的是讓別人走進你的內心世界，真實的內心世界，而非精心修飾後的內心世界。因此我覺得如果我繼續縱容自己不再去邀請、招待別人，那麼我就太自私、傲慢、懶惰了。

《聖經》裡有這樣一則故事，講的是耶穌和他的十二使徒去拜訪一對姐妹，瑪麗和瑪莎。瑪莎見他們來了，就立刻招待他們，忙得不亦樂乎。耶穌加上十二使徒，一共有十三個人，天吶，要款待的人太多了。瑪莎開始做飯，準備房間，盡待客之道，但她卻發現妹妹瑪麗居然什麼也沒做，只是坐在耶穌腳邊。瑪麗既不做飯，也不收拾房間，更沒有招待任何人，只是陪伴在耶穌身邊，傾聽他說話。而與此同時，瑪莎卻在廚房裡抓住她丈夫的肩膀，喊道：「上帝和他的使徒們都吃些什麼啊？」她為了殷勤款待耶穌他們，卻錯過了與耶穌的交流，這太糟糕了。當她已經疲憊不堪時，便對耶穌說道：「天吶！你能不能讓我妹妹幫我一把啊？你們一共有十三個人，我弄得手忙腳亂！」而耶穌卻給了她一個很精妙的回答：「瑪莎，你做的事情太多了，而瑪麗卻選擇了一件最重要的事情去做。」

那件最重要的事情指的是什麼呢？主人款待客人時，最應該做的事情究竟是什麼呢？殷勤款待客人指的不就是要給他們端上最美味的佳餚嗎？莫非最重要的是要聆聽他們所說的話？倘若我們無法做到既要給客人端上美味佳餚，還要能聆聽他們說話，那麼兩者中更重要的是不是應該把注意力集中在客人身上，而不是用什麼樣的飯菜招待他們呢？我們是不是應該待在客廳裡，陪伴在客人的身邊，而不是在廚房裡瞎忙呢？其實每一位來到我們家裡的客人都是上帝賜予我們的禮物，他們每一個人都是耶穌，如果我們陪伴在他們身邊，傾聽他們所說的話，就會發現他們每一個人都會教給我們一些東西。因此，無論我住的是什麼樣的房子，能為客人準備什麼樣的食物，缺少什麼樣的東西，只要我真誠地接待他們，都算是殷勤地款待了他們。

這個新想法在我腦海中盤旋了幾天之後，我告訴克雷格自己打算來一次，把我最好的朋友們都邀請到家裡，開個派對。克雷格覺得這個主意很棒。況且，由於我們剛剛搬進新房子，所以即使準備不充分也情有可原。我說：「太棒了！我們要根據自己的想法、按照自己的方式去做。既不像瑪莎．史都華，也不像《聖經》裡的瑪莎，我們要完全按照自己的方式做。」

於是我寫了電子邀請函寄給所有好朋友：

親愛的朋友們：

上個星期我們剛剛搬進新家，現在我想邀請大家來玩。不過在來之前，請注意以下幾點。

請自帶食物，因為我家裡沒有吃的。請自帶椅子，因為我們家椅子不多。請穿法蘭絨衣服，最好是睡袍，因為我想讓大家隨便點，不想把這個派對弄成時裝展。在來之前請上好洗手間，因為我的清潔劑快用完了。你們喜歡喝什麼就帶什麼過來，也把喝這種東西的容器帶過來，因為我不知道用什麼樣的玻璃杯招待你們。玻璃杯的種類實在太多了，你們可能會覺得我的選擇很可笑。另外，九點的時候，請你們對我說：我們該走了。而那時我則會說：再多待一會兒吧！但你們別聽我的，請告辭吧。到了那時，我已經筋疲力盡，是出於禮貌才挽留你們，因為我很看重這樣的禮節，但請你們不要當真。

像愛親生姐妹一樣愛你們的

格倫儂

我所有的好朋友都應邀來參加這個不是派對的派對了。她們都穿著睡袍，帶著食物、飲料和微笑。

我們吃她們帶來的食物，喝她們帶來的飲料，其中有人拔掉了瓶子上的軟木塞子，謝天謝地。大家都擠在我家唯一的一張沙發上，而我則坐在她們的腳邊，因為我喜歡坐在地板上。我和她們一同渡過了一個溫暖而愉快的夜晚。看到朋友們開心笑著，我發現自己是會招待客人的。和我在一起，她們感到非常快樂，而且她們比以前更加喜歡我了。大家始終玩得非常開心，以至於她們一直待到了九點十五，我都沒有生氣。

現在我也是一個會款待客人的人了，以我自己獨有的方式。

請保留自己內心獨特的信仰

目前我和克雷格正在考慮是否要成為我們社區教堂的正式成員。這是件大事。幾年前，我們決定不加入任何教派，因為我們覺得沒有必要，直到現在，我依然這麼認為。我們不願意盲目接受別人對上帝和聖典的詮釋，覺得那樣是危險的。畢竟上帝可以直接和我們每一個人對話，我們應該擁有自己的理解。

但後來我們愛上了這所小教堂，並對自己「自由的」信仰產生了質疑。在教堂裡，人們共同從事宗教活動，互相關愛，並且以一種超凡的方式去愛這個世界。在我看來，要做到這一切絕非易事，但卻意義重大。所以當人們問起我所擁有的信仰以及去教堂是否能夠撫慰我的靈魂時，我往往回答說：「算是吧。」因為這些對我而言都是挑戰。

對於是否要成為我們社區教堂的正式成員這件事，我依舊心存顧慮。因為我不想假裝相信自己並不真正相信的事情，也不想假裝對別人的觀點毫無疑義，更不願自己的孩子們盲目地接受任何關於上帝的看法。因此，我覺得在自己成為教堂成員以前，需要和那裡的牧師談談。

於是我邀請了一位牧師到家裡來。

當時我的心情十分緊張。

我們談了兩個小時。我向她吐露了自己心中所有的顧慮。雖然我想成為教堂的正式成員，但在此之前，我必須先確定她真的願意接納我。我必須提前讓她知道我是個愛惹麻煩的傢伙。

我告訴她，我熱愛耶穌，但關鍵問題是，我對耶穌的理解和許多其他的基督教徒很不一樣。我愛這些和我觀點不一樣的同胞們，所以我不想冒犯他們，也不想給這所可愛的教堂找麻煩。

我還解釋說，對於教堂在歷史上扮演的角色，我一直心存疑問並且懷有一些負面的看法，但我依舊熱愛教堂。也許我對它的感覺就像聖·奧古斯丁描述的那樣：「教堂是婊子，但也是我媽媽。」我對她說，如果我成為該教堂的正式成員，那麼我需要有權自由而虔誠地表達自己的觀點，也需要有權做我自己。我向她傾訴了自己相信的一切，因為我遲早要把這一切都在她所在的教堂裡說出來。

這位牧師對我說，她理解我，也願意接納我。我覺得她喜歡我。她還告訴我，這所教堂很適合我，而且她並不介意一、兩個愛惹麻煩的傢伙，這裡有的是地方容納這樣的人。

每當我邁進任何一所教堂的大門時，最擔心的往往是：「哦，天吶，關於上帝，他們會給我的寶貝們灌輸一些什麼概念呢？」於是為了讓自己心裡更踏實，我報名申請成為了主日學老師。我已經愛上了主日學這個團隊，不過不知他們現在知不知道我是個愛惹麻煩的傢伙，上帝幫幫他們吧。

第五章

從愛中重生

在絕望的世界中心存希望

儘管我一直對禪修著迷，而且已研究多年，讀過不少相關書籍，但我依舊無法完全參透其中奧祕。如果非要用一句話來概括的話，那麼禪修可以說是透過冥想超越人類的苦難，以此獲得內心的徹底平靜。想想面帶笑容的佛陀吧，他掌握了生命的祕密，他開明，擺脫了一切欲望，不會失望，更超越了一切痛苦，這就是禪的精髓。而我一直以來的生活態度卻與禪修所主張的精神截然相反。

事實上，我時常感到生活很艱難，而且充滿痛苦。我剛剛聽妹妹說，有一位母親來到她位於東非的律師事務所，告訴妹妹，她五歲的女兒被一位鄰居強暴了。兩個星期以來，這位母親一直想方設法讓員警逮捕那位鄰居，讓女兒免費就醫，因為她支付不起兩美元的醫療費。雖然她一直遭到拒絕，卻始終沒有放棄，所以她已經兩週沒有工作了，結果她的五個孩子只能在家挨餓，而且不得不依舊與那位強姦犯為鄰。

埃利．威塞爾是一位大屠殺倖存者，在他寫的《夜》中，他宣稱自己親眼目睹納粹份子把活生生的猶太小孩扔進火溝裡；受過教育、穿著制服的成年人公開把猶太孩子吊死。

這個月，我的三位好朋友分別經歷了婚姻破裂、雙親病重、夢想破滅的災難。當我們仔細回想這一幕幕悲劇，發現是人們心中的貪婪、草率與冷漠釀成了悲劇的發生。想到這裡，我感到痛心疾首，真想大聲喊叫。可經過一番認真思索後，我卻意識到，其實在自己的心中也隱藏著同樣的貪婪、草率與冷漠。既然我們的心中都潛伏著同樣的惡魔，我又有什麼權利去譴責別人呢？

正是由於生活中充滿了這樣的痛苦與無奈，所以我才相信耶穌的存在，在此我指的只是耶穌本身，被釘在十字架上的耶穌和他的故事，而不是我們信奉的基督教。因為當我想像著他被活生生釘在十字架上，流淌著鮮血，漸漸失去生命時，我忽然認識到，他經受的苦難就是一種象徵，意味著上帝瞭解我們的內心狀態和我們所在的世界，耶穌受難的景象在本質上就代表我們存在的真相。由此，我們能夠感受到上帝理解我們，而且愛我們。

讀完《夜》之後，我感覺彷彿經歷過戰爭苦難的埃利．威塞爾就坐在我家的客廳，為我講述納粹如何殺害他的全家。

我隱約感到他在向我訴說，當成千上萬的猶太家庭遭遇這樣的滅頂之災時，地球仍在轉動，全世界的人們依舊吃著早餐，穿上衣服去上班，大家依然野餐露營，聽收音機。而這樣的慘劇此時此刻依然在上演，世界的每一個角落裡都有無力反抗的人在慘遭蹂躪。人類並沒有真正從他的家庭、他們的種族遭受的苦難中獲得啟示。我們的世界依舊沒能對此大聲地說一句：「夠了！」

但他還會告訴我，他沒有絕望，依然心存希望。他說完之後，房間就安靜下來了。

而我卻無法給年輕的威塞爾看一下面帶笑容的佛陀，無法告訴他，他所經受的痛苦能夠被超越。我只能給他看耶穌受難的圖畫，讓他凝望著耶穌遍體鱗傷、流淌著鮮血、遭到謾罵與嘲諷、被眾人遺棄的悲慘景象，然後輕輕和他說：「你的感受和他一樣吧？」

有些人能夠找到一種方式超越這個世界上的一切苦難和他們自己遭受的痛苦，我不知道他們究竟是怎樣做到的。但我尊敬那些永不逃避、敢於直視痛苦的人。他們對別人的苦難感同深受，陪伴別人一同心碎。我尊敬那些捲起衣袖、放棄自己舒適生活、陪伴別人一起經歷苦難的人，無論他們在思想上是否開化。我也尊敬那些密切關注別人生活的人，他們能夠充分認識到生活的殘酷，並且知道世界上有許多人依然過著悲慘的生活。

許多年以前，有一位總是充滿希望、虔誠、性格開朗的牧師在一次宗教集會上對我們這些會眾說：「生活是充滿痛苦的，那些告訴你生活中只有美好的人其實是在用謊言愚弄你。」當時我聽後，在座位上動了動身子，思忖到：「天吶，這看法也太消極了。」但現在我長大了，回想這句話，不禁感慨：「這話說得多麼有道理啊。」生活是艱難的、可怕的、不公的、沉重的。生活就是十字架。如果你覺得這種說法過於消極，那麼請你先看看晚間新聞，然後再看看國際兒童性交易的相關報導，瞭解一下那些孩子在過著什麼樣的生活；接著第二天下午到本地中學的自助餐廳去看看那兒的孩子在過的又是一種什麼樣的生活；最後在你回家的路上，去一趟醫院的兒童腫瘤病房。在你完成這一連串事情之後，我們再來談談。

生活是充滿痛苦的。

但是，我們可以從痛苦中發現美。生活既是殘酷的，又是美麗的，它是美麗與殘酷的雙面體。因此我努力挖掘生活中美好的一面，儘量削去自己心中那個充滿恐懼的聲音，這個聲音讓我想要逃避痛苦；認真諦聽那個充滿愛的聲音，那是上帝的聲音，他讓我面對痛苦。我向苦難敞開心扉，讓自己心碎，因為一顆破碎的心既是一枚榮譽勳章，也是這個世界上最強大的武器。

那個充滿愛的聲音可以幫助你找到珍寶，但在此之前，它會先引領你穿過地雷區。這也是我寫作的原因：在痛苦中挖掘寶藏。當我把記憶中的事情寫出來時，我便重新審視它，挖掘它美好的一面，用文字編織出更加美麗的回憶。於是這件事在我的記憶裡便微微發生了變化，變得更加美好了。也許只有透過寫作，我才發現原來現實生活中有那麼多美妙的時刻。

我仍然不能徹底領會禪的玄妙，但我非常慶幸在充滿痛苦的生活中依然存在那麼多美好的時光，我們在生活的地雷區中也能找到珍寶。無論那裡多麼危險，我也不願繞行，因為那裡有真理、美與上帝。

你一無所有，你擁有一切

我們聊聊房地產吧。

幾年前，我和克雷格買了第一幢屬於我們自己的獨門獨院的房子，房價很合理。當時我們想走捷徑，所以糊里糊塗選擇了付息、可調整利率抵押貸款的方式。最近我們才如夢初醒，想把貸款的詳情弄清楚，比如，每個月我們究竟把錢付給誰？已經付了多少？結果發現到目前為止，我們還欠十萬美元沒有還清，而且最近利率還要做出調整，到那時我們每個月要付的貸款金額會增加到一千美元，就這樣下去，一直付到本息還清為止。

我和克雷格又著急又苦惱，不停祈禱，我們最終決定把房子賣掉。我們選擇的賣房方式是「短售」，以我患有萊姆病為困難的理由去申請。於是吃過早餐後，克雷格去了銀行。排在他前面的是一個單親媽媽，她流著眼淚哀求經理幫她一把，因為她的房子就要喪失抵押品贖回權了。她的兩個年幼的孩子都抱著她的腿，看上去既疲憊又恐懼，臉上流露出完全不像是孩子應該有的表情。克雷格一回到家，就走進廚房，對我說：「親愛的，放棄短售吧，我們還是把機會讓給真正有困難的人吧。咱們把房子賣掉，然後重新開始生活吧。」

我聽了，立刻說道：「什麼？這得好好考慮一下。」

克雷格衝著我揚起他酷酷的眉毛，接著說：「格倫儂，我們真的應該這麼辦。如果我們真的需要短售，我會同意的。但我們並不需要，我們還有錢可用。」

「我們到底需要不需要，這很難說。」我說。

「不，我們的確並不需要。」克雷格說。

於是我只好大聲歎氣答應他，儘管我心中有些焦慮，但同時我也為自己是克雷格的妻子而感到驕傲。

之後我們找了一位財務計畫師進行諮詢，向他解釋了我們目前的困境。他詢問了我們的經濟狀況、婚姻關係和將來的目標。我們對他說，我們原先的夢想是想要擁有自己的房子，而現在我們只渴望能享受自由而安寧的生活。我們告訴他，我們想做哪些事情，想去什麼地方，想把錢花在哪裡和哪些人，如何打算我們的生活，但一直以來我們都過著屋奴的日子。所以我們想知道，如果我們擺脫掉自己的貸款公司，應該怎樣才能過好以後的生活。我對他說，我不想給克雷格很大壓力，而且想生活得簡單些。另外我還告訴他，我們想謹慎地選擇與之合作的公司。他問我們為什麼不做短售，我們解釋說，短售對有些人來說是相當不錯的選擇，但目前對我們而言並不合適。由於我們並不能坦言我們沒有錢，所以只好這樣回答。最後我們告訴他，我們打算重新開始生活。

說到這裡，我們停了下來，等著他說我們瘋了。但他並不這麼認為。他注視著我們：「我明白了。你們渴望過自由的生活，那麼就按照自己的意願去做吧。我贊同你們不做短售。你們還有充裕的時間來重新建立自己的生活，我相信你們可以做到。以自己的方式自由地生活吧。」

於是我們花了不到兩個星期的時間就成功賣掉房子。為了獲得自由，我們把賣房子得來的十四萬美元，以及我們全部的積蓄，還有我們退休帳戶裡的錢和克雷格的大學基金都付給了貸款公司。

我們又一次一無所有了，一切又要重新開始了。

現在，重新開始意味著我們每個月要以之前貸款的三分之一金額支付房租，意味著把我們所有的傢俱和物品壓縮進兩房小屋子，意味著當有東西壞掉的時候，就要給房東打電話，等人來修，意味著在一元商店買染髮劑，因此，我應該學會節約，但我卻有了一個新的口頭禪：「管它的。」每當克雷格在工作上沒能做成一筆生意時，他也往往會說：「管它的，其實成功了也沒多少賺頭。」

「管它呢。」是我們新的座右銘和箴言。這句話在我們心中具有神聖的地位。最重要的是，重新開始意味著我們享有充分的自由，無論何時何地有人需要我們，我們隨時可以立刻出發。還有比用金錢買自由更划算的嗎？

我們總是生活在被金錢困擾的憂慮中，如果這些錢都沒有了，怎麼辦呢？如果我們一無所有，怎麼辦呢？如果……怎麼辦呢？我們畏懼冒險，甚至連讓自己放鬆一下都覺得心裡不踏實，因為「如果……怎麼辦呢？」的念頭總是盤旋在我們心頭，縈繞不散。可是，我和克雷格目前就正處於這樣的狀態。

我們現在一無所有，但這不僅沒有關係，而且我們還覺得過得很好。儘管我們一無所有，除了上帝與我們彼此以外，我們不欠任何人任何東西。我們依舊可以有說有笑、又唱又跳，只不過不是在自己家裡，而是在別人家的廚房裡。其實我覺得所謂對任何東西的所有權只不過是一種虛幻的錯覺。我彷彿能夠聽到上帝在說：「喂，你們這些傢伙真的認為房子和金錢能夠給予你們安全、溫暖、快樂的生活嗎？」我覺得自己像個小孩，終於鼓足勇氣跳進水池，忽然發現水沒有那樣可怕，反而給予了我自由。

我和克雷格都感到自己大夢初醒，而且覺得自己有一顆年輕的心，我們甚至擁有了新婚時才有的感覺。我們覺得自己就像開路先鋒一樣，心中懷著「一切皆有可能」的堅定信念，勇敢無畏地向著這個大千世界邁進。雖然我們的銀行帳戶空空如也，我們只有彼此和上帝，但這就足夠了。儘管我們暫時只能依靠信仰過活，可令我們感到驚異的是，由於我們沒有在物質上對自己負責，而把這項任務交給了上帝，我們卻因此而感到自己可以像鳥兒一樣自由自在、無憂無慮地翱翔。

海邊的家

布巴是一個明智的人。我對生活的看法和他基本相同，但有一點例外：布巴告訴我們要永不放棄。長大以後，我們應該三思而後行，在做出任何重大決定前應該認真考慮一番，比如到底是要練體操，還是要去拉中提琴，這可是個大問題。因此我認為，我們的確在某些時候需要放棄某些事情，而放棄不適合自己從事的事情並不容易，那需要對自己有一個清醒的認識和極大的勇氣。所以我和克雷格猶豫再三後，決定搬家。

其實我們在內心深處都感覺到，我們的家庭需要重大改變。我們需要過一種更加簡單、節奏更加緩慢的生活。現在我已經淹沒在郊區的家庭生活中：家長會、生日派對、資金籌集活動、感謝信、體育運動、孩子們的玩耍約會、女兒們在外過夜的派對、講故事……這一切彷彿整天坐在雲霄飛車上，而我真正渴望的卻是坐在紅色的小貨車上慢慢行進。萊姆病使我懂得要關注自己內心的需要，尊重自己靈魂深處的欲望，因為那也許是上帝鋪在我前方的墊腳石，可以引領我走向於我而言最美好的生活。現在我最渴望的就是住在真正適合我居住的地方，一個我可以緩慢生活的地方。

我渴望擁有更多空閒的時間，想多花一些時間享受和孩子們共渡的美好時光、閱讀、寫作、祈禱和養病，其實不僅僅是養病，而是休養生息。我希望自己面臨的選擇少一點，雜訊少一點，外出少一點，購物少一點，交際應酬少一點。我希望自己能多獲得一些空間，不是具體的空間，而是心靈的空間。我不願意總是驟然間結識許多人，也不想總有一堆東西要買。我想在每個星期日清晨去小鎮上的教堂。我想少參加一些會議，希望什麼都能更少一些……我想和家人們一起過真正的家庭生活。因此，我們賣掉房子後不久就搬家了。我們給孩子轉學，收拾行囊，然後在切薩皮克灣的諾曼．洛克威爾鎮租了一間小房子。這裡唯一的商店就是一家主營霜淇淋的雜貨店。這就是我們夢想居住的地方。

在這裡我們才感到我們真的是一家人，不是五個獨立的個人，而是一個整體，過著真正的家庭生活。無論什麼樣的小事，我們都會一起完成。我們看著蔡斯把漁網搭在肩上朝我們走過來，樣子就像是東方的湯姆．索亞。我們看著他捉了九隻蝦，為他鼓掌歡呼。之後我們開著自己的高爾夫球車到布巴和提莎家，蔡斯把捕來的蝦賣給他們。我們讓艾瑪開車，雖然她還小，但卻開得不錯。當蔡斯和布巴討價還價的時候，我們和蒂什都笑了。最後他們以每只蝦十美分的價格成交。布巴一邊遞給蔡斯九十美分，一邊抱怨通貨膨脹。其實我們都知道，我們一離開，他就會立刻把這些蝦放生，讓它們回到海灣裡。

我們開車一起出去玩的時候，經常在路邊的玉米田裡小便。我總是在蒂什蹲在玉米田的時候，向注意到我們的路人微笑揮手。這時蒂什就會大聲喊叫抗議：「媽媽！你不能這樣，我還沒好！」現在我有很多時間陪伴蒂什，即使她非要花半個小時的時間決定在三十二度的高溫下穿那件緊身羊毛衣去海灘，我也沒有不耐煩。我終於有時間去欣賞她曬成棕褐色的皮膚是多麼的美。看著她從甲板上跳進海灣的時候是多麼的勇敢，注視著她和妹妹在一起時是多麼溫柔。我漸漸發現，蒂什已經不僅僅是我的一部份，而是一個完整的個體了。我對她的瞭解不斷加深。

還有可愛的艾瑪。艾瑪正一天天長大，也在逐漸形成自己的性格。她每天都會生氣五十次，在怒不可遏的時候會指著我咆哮：「我太生你氣了，媽媽！」她已經瞭解到我不僅不能幫助她解決她遇到的問題，反而是製造這些問題的罪魁禍首。所以她總是一邊在椅子上亂踢亂蹬，一邊大吵大鬧大喊：「我簡直氣瘋了！」這時我往往會回答：「得了，孩子，我也覺得你的確是瘋了。」

星期三下午，我們通常會坐在屋前走廊的台階上，一邊舔冰棒，一邊等著克雷格的紅色卡車從大街上駛來。當克雷格終於從卡車下來時，孩子們就會立刻跑上去蹦蹦跳跳地和他打鬧，這時他總會掰開他們的小手，朝我跑過來。在接下來的幾天裡，他會暫時告別西裝、領帶、黑皮鞋、古龍水，從商人變成戶外活動者。他那張刮得乾乾淨淨的臉上會長出鬍渣，身上古龍水的香味也會被汗水和防曬霜的氣味取代，他會脫掉襯衫，露出深色光滑皮膚上的刺青，那些象徵家人的刺青。

我也徹底改頭換面了。幾個月下來，我一直沒有買東西，也沒覺得自己需要買什麼。而且我已經六十三天沒有修眉毛、染指甲、用吹風機吹頭髮了。現在的我可能看起來有點兒寒酸，但也不是太寒酸、不堪入目，至少克雷格沒有抱怨。之前我讀到一句話：一個女人對男人的看法並不重要，重要的是她怎樣看待眼前這個男人。我覺得這種說法很有道理。

我們的小教堂距離我們家很近，所以我們每週日走路去那兒。蒂什帶著她粉色的手提袋，穿著銀色的便鞋。漂亮的鞋子和手提袋是蒂什最想給上帝看的。

復活節那天，我們坐在一個看上去稍稍上了些年紀的女士旁邊，她似乎從耶穌受難日就開始為這一天的儀式做準備了。我非常喜歡她銀白色的髮捲、漂亮的女式西服、淺桃紅色的指甲、纖細的手指和粉色帶格子圖案的時尚手提包。她戴了一串珍珠項鍊、一對珍珠耳環，塗著非常適合她的棉花糖口紅。在儀式中，我看著她的腳踝，透過她透明的絲襪，我看到了一個藍色螃蟹的刺青圖案。她發現我在看她，就朝我眨眼，我的心跳頓時加快了，因為我一直在留意她，所以沒能集中精神傾聽佈道。我非常喜歡教堂會眾裡稍稍上了些年紀的有著美麗刺青的女士，我將來也會和她們一樣。

教堂的第一次鐘聲是在九點鐘敲響，之後每隔三個小時敲響一次。從我們家的前院、客廳和碼頭都能聽見。我喜歡聆聽這悅耳的鐘聲，因為它們每隔三個小時就會提醒我慶幸自己現在擁有的一切。而且聽到這鐘聲，我會感到上帝在關注著我們的小鎮，而我們的小鎮也受到了上帝的感召。這使我感到既溫暖又欣慰，彷彿我們所有聽到這鐘聲的人的心都連接在了一起。

在這樣的小鎮上，所有的小事都格外顯眼，所以在這裡生活，你最好小心謹慎。如果你家的狗很囂張愛叫，那麼你必須讓你家的狗看起來乾乾淨淨，否則你在別人眼中就會成為養髒狗的人。如果你和別人說話時嫌對方說話太慢，那麼你也不能打斷他，否則你在別人眼中就會成為愛打斷別人說話的人。在這裡，人們都要為自己的一切行為負責。倘若你不喜歡自己的鄰居，那麼你只能湊合，因為大家都不會搬走。這裡的人也不多，所以你沒法在無數人中尋找適合自己的鄰居。我教給了孩子們一句話，我也時常用這句話來告誡自己：接受你得到的東西，不要怨天尤人。

有一次，我們在車裡聽到這裡的地方無線電台在播放一首歌曲中間插播了一條尋狗啟示，播音員說一個叫約翰的小男孩丟失了愛犬，這隻狗是黑色的，帶著白點，名叫魯迪。約翰此時此刻顯然焦慮萬分。播音員接著說，請大家幫忙留意，如果誰發現了魯迪，請立即打電話給電台。尋狗啟示播送完畢之後，音樂又響了起來。這時我落淚了。坐在後座上的蔡斯聽到我的哭泣聲，便安慰我說：「沒事的，媽媽。他們會找到魯迪的。」我告訴蔡斯，我知道他們能找到它，我落下的是欣慰的淚水，因為居然還有地方電台會因為失蹤的小狗和著急的小孩而打斷正在播放的節目。

還有一次，在佈道開始之前，我們的牧師瓦萊麗告訴我們這一小群會眾，有人要宣佈一件事。這時唱詩班裡一位穿著漂亮藍色袍子的年長女士站起身來，舉起一把勺子，不是有特殊用途的勺子，只是一把普普通通的金屬勺子，然後緩慢說道：「有人把這勺子落在了我家裡，請問這是誰的？我想物歸原主。」我聽後，詫異地睜大了雙眼，之後把目光投向在座的會眾，心想，人們一定會由於這位沒有分寸的女士把他們寶貴的時間浪費在一把勺子上而恥笑她。可在座的每個人都朝這位唱詩班裡的女士露出真誠的笑容，包括瓦萊麗牧師。因為他們覺得這位唱詩班裡的女士和這把勺子是應該得到尊重的。這時我在心中思忖到：「哦，天吶。這些人身上有許多值得我學習的地方，他們知道上帝在觀望著生活中所有像這樣的小事，這位女士和這把勺子遠比時間更重要。」

布巴介紹我們認識了當地的漁民，我們每天清晨都能看見他們出海捕魚。他們以賣魚為生養家糊口，我們晚餐吃的就是他們捕來的魚。蔡斯和他們一起去捕過兩次魚，每次他帶回來的魚都足夠我們吃上一個星期。我們的冰箱裡裝滿了岩魚。克雷格把魚烤好後端上來的時候，蔡斯注視著我們吃魚的樣子，自豪在他胸中膨脹。他還認識了當地的農民，並且拜訪了他們的農場。後來當我們經過玉米田時，他看了看，對我說道：「玉米現在還沒長高，媽媽，不過到國慶日的時候就會長到膝蓋那麼高了。如果要是下幾場雨就好了，媽媽。它們需要雨水。」到了晚上，他就為他的農民朋友們向上帝祈求雨水。他現在已經開始逐漸瞭解，在美國，人們怎樣耕種土地，雨水如何有利於農作物的生長，這一切都是怎麼一回事。他漸漸明白，是人們的勞動和大自然的奇蹟供給了他餐桌上的食物。

這裡既沒有高樓大廈，也沒有高速公路，所以住在這裡，我更容易感覺到上帝的存在。這一切都是上帝創造的，上帝創造的這一切已經足以讓我們吃飽，使我們快樂、滿足。而那些鋼筋水泥、高速公路和高度商業化的一切使我們以為它們是我們生活中不可或缺，而且只有忙碌的生活才是充實的。其實我們只要順其自然做好自己應該做的事情就可以了。

我們房間後面有一扇玻璃門，透過玻璃門可以看到海灣。我看到家裡的每一個人都喜歡停在這扇門前向外張望，凝視著海水，發出感歎，就連艾瑪也是這樣。有時蒂什躺在甲板上，陽光照射在她熠熠生輝的棕色頭髮上，她整個人彷彿消融在蔚藍色的天空中，漂浮在碧波蕩漾的水面上。這時她就會感慨道：「啊，這就是我的生活。」

有時在清晨，我會獨自一人在房子後面的走廊，一邊喝咖啡，一邊讀C．S．路易士，一邊聽著海灣從沉睡中醒來。我從來沒能一心一意地看書，因為我總是醉心於海水的美麗。其實我一直對水情有獨鍾，無論是一杯冰水、浴缸裡溫暖的洗澡水，還是海灣裡的水。

晚上，我總是站在廚房一邊撿菜，一邊聽著克雷格在房間裡和孩子們嬉鬧。孩子們總是開心笑著，一直笑到直不起身來，最後撲通一聲倒在廚房地板上，抱著肚子打滾。之後我的視線就會透過後窗，投向窗外的海水，嘴裡輕輕哼起鄉村音樂，感到自己現在的生活就像歌曲中描述的一樣。這就是我渴望的生活，住在一個令我感到安適的美麗地方，在這裡我的信仰會變得越來越堅定，我的家人能夠無憂無慮地成長。

心若沒有棲息的地方，到哪裡都是流浪

對我而言，僅僅居住在一個美麗的地方，還是不夠的。

在海邊生活了六個月之後，我發現儘管海灣很美，但它卻沒有我的朋友布魯克和艾米那麼美。儘管海灣清晨的聲音可以撫慰我，但凱西閃閃發光的眼睛和珍給我的擁抱給我帶來的安慰卻更加深刻。儘管看著孩子們在海灣嬉戲，我感到非常快樂，但看著他們在門前迎接傑斯時興奮得尖叫，我卻感到更加快樂。雖然上帝創造了一些美麗的事物，海灣就是其中之一，但我覺得他最偉大的傑作就是女人。在這顆上帝的藍色星球上，沒有什麼比好姐妹更能撫慰人心。

在和朋友們相處的過程中，有時我很難滿足對方的需要，比如記住重要日子，隨時接電話，經常參加集體活動等。也許這是由於我總有獨處的需要，而且我還有一個與自己親密無間的妹妹。因為這兩個原因，所以我很難發現自己其實多麼需要朋友。

不過從大學起，我就有幾個非常要好的朋友。我們之間互相關心、互相照顧，雖然我感到她們非常愛我，但我依舊覺得自己和她們之間一直有一些距離，也許這不僅是由於我很難真正融入一個團體，更是因為我有一個無比貼心的妹妹，所以在很多方面不像她們之間那樣相互依賴、相互提供建議，支持彼此，靠在對方的肩膀上哭泣，一起購物。因此，我始終沒有真正感到自己需要她們。但搬到這個小鎮上來住了幾個月後，我深切地感到結識新的朋友是多麼不容易，我過去的那些朋友是無可替代的。倘若沒有人一起分享婚姻和育兒的快樂與艱辛，這一切做起來都會異常困難。

於是我和克雷格談了這件事。我們在共同生活的過程中一直不斷嘗試，探索最適合我們兩個人的生活方式。我們也一起耐心解決問題，加深了對彼此的瞭解。

我們最後決定搬回郊區，回到朋友們身邊。很顯然，我需要這樣做。鑒於我是一個前科累累的人，孤獨對我而言是一件危險的事情。我需要與別人為伴，而不是像一顆人造衛星似的飄浮在宇宙中，這樣我才能內心堅定地遠離過去那種墮落的生活。記得在小鎮上時，在一個孤獨的夜晚，我瞥了一眼冰箱上的酒瓶，其實不只是瞥了一眼，而是看了漫長的幾秒。之後我被自己的這種舉動嚇了一跳。克雷格十分贊同我們搬回去，因為他心裡清楚，如果我完蛋了，我們這個家就整個垮了。

我們搬回去，和我的四位最好的朋友同住在一個社區。我們經常互相串門子，我們的孩子們也時常一起上學。如果某一天克雷格打電話告訴我他要晚一點兒回家，我就會給朋友們打電話，讓她們趕快過來。孩子們互相追逐嬉戲的時候，我們幾位媽媽就會用酒杯喝健怡可樂，馬納爾的媽媽說盛在酒杯裡的可樂更好喝，的確是這麼回事。有一回，我們一起做了九個冷凍披薩，我把大部份都烤糊了。在一片混亂之中，吉娜注視著我感慨：「真不可思議。我們已經認識二十年了，如今又一起當媽媽了。我們多麼幸運。」

當我凝視著吉娜的時候，很多個吉娜的影像在我眼前一一掠過：

首先，我看到她大學一年級的時候，穿著漂亮的禮服參加舞會。而後，我又看到她穿著黑色的畢業禮服，拿著畢業證書。接著，我又看到她穿著華麗的白色新娘禮服，穿過走廊走到查克面前。之後，我又看到她穿著淡藍色的睡袍，在醫院裡抱著自己的第一個孩子泰勒。最後，當我回想起她穿著黑白相間的長袍舉行她和查克結婚十週年紀念日派對時，我笑了。

說句有點肉麻的話，我覺得我們就像親生姐妹一樣一同長大了。我們是朋友，因為我們互相需要。擁有這些好朋友，我感到非常欣慰。

當我看著吉娜的女兒們穿著白雪公主的衣服和我的孩子們追著玩的時候，我忽然覺得自己終於找到了真正屬於我的小鎮和我喜歡的海水。我的小鎮就是我的家庭，而我的海水就是我的朋友。我有生以來第一次感到自己確實融入了生活之中。

只有在你離開家以後，你才會發現家裡的一切在你心中有多麼重要。而我們回到家之後的生活怎麼樣？不盡如人意。可我終於明白，無論我身處何方，都不會覺得那裡的生活盡如人意。如果我住在海邊，那麼我就會想念郊區。倘若我住在山裡，那麼我就會想念海水。假使我收看了《世界各地的出租房》一類的節目，那麼我就會想去哥斯大黎加，但我從來沒有去過哥斯大黎加。

我在八年內搬了六次家，一心渴望獲得內心的平靜與快樂。但直到現在，依舊沒有滿足心底的渴望。不過我終於懂得，自己在婚姻、育兒、友情、生活這些方面遇到困難，並不是由於我沒有居住在適合自己的地方，而是因為這些事情本身做起來就不容易。因此，我最終接受了這項事實：世界上沒有任何一個地方可以提供給我完美的生活。因為就像布巴說的：「無論你到哪裡去，其實都是一樣的。」

我覺得讓自己快樂的方法之一就是接受自己不可能總是快樂的事實，因為生活中充滿了艱辛。我應該愛自己周圍的人，接受自己的鄰居，照顧好自己的朋友，相信一切都是最好的安排。我不再千方百計追尋幸福，因為幸福正在對我微笑。

愛是一切的答案

我們可以克服困難，共渡難關
我們心心相印
愛的力量能夠戰勝一切

你好，翻開嶄新的一頁，我們又見面了。新的一頁就像新的一天，既是禮物也是責任。今天要寫點什麼呢？有些恐懼但還不錯。恐懼與神聖這兩個詞語很類似（恐懼 scared，神聖 sacred），往往相伴出現。

今天我要寫的，尤為恐怖與神聖，因為我準備回答一個人們經常問我的問題：「格倫儂，二十年來你一直暴飲暴食，十年來一直酗酒、抽菸，五年來一直吸毒。你沒有按照十二步驟的治療方式，只吃了四隻冷掉的火雞就戒掉這一切，這不尋常。而且我發現你很瘦，你確定你有比較好嗎？」

我不確定是否更好，我只知道自己現在頭腦清醒、心中有愛，是個不按牌理出牌的妻子、母親、姐姐、女兒和朋友。

我覺得用「痊癒」比「更好」更恰當。對我來說，「痊癒」代表我的身心靈與這個世界的節奏旋律契合，以自然的方式放鬆，順應事物的流動，而非絕望地與之對抗。「痊癒」意味著遵循這個世界上的真理並置身其中，那是上帝創造的真理。

當與不同信仰的人們討論上帝時，「愛」是很好用的溝通橋樑，因為多數人相信「愛」是值得信賴的力量。一般認為愛的反義就是恨，或是冷漠，但我堅信愛的反義是恐懼，恐懼是一切罪惡的根源。

愛與恐懼，截然相反，懷著愛的人與懷著恐懼的人，生活方式不同，抉擇方式、看待世界的角度、建構的人生也都完全不同。遇到事情時，會做出迴然相異的決定，會從迴然相異的角度看待世界，也會構建出迴然相異的生活。愛與恐懼的角力戰場，存在於我們的內心，在療傷、痊癒和往天堂前進的過程之中角力。

我的腦海有兩種聲音。恐懼的聲音一直大聲叫囂想要吸引我的注意。在那二十年中，我只能聽見恐懼的聲音，因為我以為那是我真實的心聲，「恐懼」每天都會對我說：

這些不夠，快點，去搶食物，去找錢，吸引別人的目光、還有名聲、讚揚。把這些抓牢，一旦鬆手就沒了，別人擁有好多，你都沒有，儘量多拿，還要藏起來。

唉，算了，別爭了，你一無是處。離別人遠一點，如果有人瞭解你是個什麼樣的人，他們會害怕。你實在太糟糕了，看看你自己，你的生活、你的身體還有你的臉，丟人現眼。你沒救了，你沒本錢，你的人生沒有價值，不配擁有一切。人生很糟，你弱爆了，根本應付不了。你就閉嘴，安靜躲好吧。

於是這二十年來，我一直聽憑恐懼的擺佈。

後來，當我懷孕時，覺得我就要毀滅了，恐懼告訴我，像我這樣的女孩沒有好下場，但我不但沒有毀滅，而是出現奇蹟。我發現我抱著一個漂亮、可愛的男孩，而且一個非常好的男人願意娶我，對，就是這樣的我。儘管我一直給家人和朋友們帶來痛苦，但他們依舊陪伴在我身邊，愛著我們，願意幫助我們。

這時我思忖，我的「恐懼」是否是錯的？我是否被「恐懼」騙了？我還可以選擇其他的生活方式？還有別條路吧？

我一發現「恐懼」並非腦海中唯一的聲音，「恐懼」就逐漸淡出了。另外一個聲音出現了，高亢、深沉，音域很廣。我很快就明白，這是愛，我稱之為耶穌。他堅定地坐在我的心眼中，溫和微笑，並明瞭一切。

我以前沒有聽到「愛」的聲音，是因為恐懼始終大聲叫囂，掩蓋住了愛與真理的聲音。但愛非常有耐心，他一直在等待我去除心中的恐懼。當我準備好，我聽到「愛」這樣對我說：

不要去想抓住什麼，孩子。深呼吸，放鬆心態。你會得到接受、關注、認可、喜悅、平靜、活力、衣服和食物，不必擔心。不要太在意這些，不要逃避、躲藏、麻痺自己或者傷害他人，也不必害怕任何人、任何環境。你知道嗎？孩子，你並沒有犯錯，從來沒有。你只不過按照自己的意願做事，這並不可恥。你想懲罰自己，但你不需要受到任何懲罰，也沒有人覺得應該懲罰你。你應該摒棄這樣的念頭，讓自己自由。

現在聽好，這很重要：你出生時，我把自己的一部份放進了你心裡，那部份就像堅固、熠熠生輝的鑽石，永遠在你心中發亮。「愛」是你的核心，誰也無法奪走，你也無法丟掉。無論是自己所作所為，還是他人做的一切，都無法減損這個部份。每個人心中也都存有這個部份、這份完美的愛。你們是我的一部份，我也是你們的一部份，你們也是彼此的一部份。每個人最本質的部份，就是愛。

首先你要明白，上帝與愛存在於每個人心中，璀璨奪目、純潔無瑕。而後，你要幫助他人認識自己心中的核心，也就是燦爛奪目的完美的「愛」。如果你感到其他人心中的恐懼占了上風，那麼你就要把他們心中的愛召喚出來，愛最終一定會出現的。要有耐心。

別擔心，也別再躲藏，你有兩項任務要完成：第一，領會我的意思；第二，讓別人領會這些。我在你的心裡，你應該知道怎麼去做，其實你本來就知道該怎麼做。靜下心來，問問自己：如果是「愛」，他會怎麼做呢？保持平靜，我，在你心中的我，會告訴你。之後你會去做正確的事情，我會引導你的心靈一步一步地回家。接受我的祝福，並給予別人祝福。你值得得到祝福並給予別人祝福，相信我，你每一刻都像新生。你的時間、你的活力、你的頭腦、走近你生命中的那些人，都是我送給你的無盡的禮物，它們屬於你，也屬於每個人。

我最喜歡的一本書《旅途中的仁慈》，安．拉莫特引用了威廉．布萊克的名言：「我們來到這個世界，就是為了學習如何經受愛之光芒的照耀。」起初，愛會灼傷你，因為愛的聲音聽起來過於美好，幾乎顯得不真實，我們很難接受。

但我非常希望愛是真實的，所以我決定給她一個機會。愛告訴我，不必再逃避、躲藏、麻痺自己，可以在她的幫助下釋放一切。因此，我決定試試看。我戒菸、戒酒、戒毒，也不再暴飲暴食、瘋狂嘔吐。記得我曾在那裡讀到：「真理令你獲得自由，但首先，它會先把你氣個半死。」這句話千真萬確。我聽了「愛」對我說的這些話，先是搖頭、冒汗、咒罵了兩個星期，但最終我不再抗拒，因為世界在我眼中變得更加明亮而澄澈了。戒酒後，十幾年來，我第一次在頭腦清醒的狀態下看見了美麗的日出。

蔡斯出生後，我非常愛他，把自己全部的心神都給他，滿足他的需要。我不知道自己究竟能夠給予他什麼，只是盡力而為。而他則以愛和對我的需要來回報我的付出。他需要我，我知道他不會偽裝，因為他只是個孩子，而孩子聽不到恐懼的聲音。蔡斯和我之間的愛是絕對真實的，我也試著去愛我的丈夫。由於克雷格是一個活生生的成年人，所以愛他比愛蔡斯稍難一些，但他也回應了我的愛。

這兩個人，他們需要我。如果這樣兩個心智健全的善良人愛我，並且需要我，那麼我一定不是一無是處。這時我忽然發現，對我而言，生活中也有美好的一面。於是我開始質疑過去二十年來一直控制我的那個渾蛋。

之後我開始認真聆聽「愛」對我說的話。我仔細觀察人與自然，讀了一些有關上帝與愛的書。不再暴食，我的皮膚漸漸恢復了健康的顏色，我的雙頰也不再紅腫了。香菸不再折磨我的肺，我也可以舒服地深呼吸了。當我沮喪、恐懼或憤怒時，我不再用那些有害的方式減輕痛苦，而是順其自然，等待著這些情緒自動緩解、消失，因為它們最終總會消失的。我終於領悟到，一切都會過去，生活中的痛苦時常令我們感到難以承受，但我們並不是完全無法承受。我認識到，如果我們經受痛苦而不退縮，我們就會獲益匪淺，我們將會獲得智慧和尊嚴。我發現，我與愛，我們能夠克服困難，共渡難關。

「愛」還說，我沒有任何應該感到羞恥的事情，接下來，我打算驗證一下這種說法是否正確。這很難，不過由於「愛」不會對我說謊，所以我決定試一試。於是我開始把心中一切祕密的想法和感受都寫出來，把自己所有的心裡話都公佈在網路上，讓不計其數的人們看到。「恐懼」曾告訴我，我會因為這些事情而遭到排斥和鄙視，網路上的酸民何其多，但我卻沒有遭到唾棄，幾乎沒有人惡意攻擊我。不僅如此，我的這個舉動反而讓大家更喜歡我了。我發現，當我透過寫作，釋放自己，讓自己自由，我的讀者們也決定釋放自己。人們不但沒有厭惡或恐懼我，反而在我的經歷中也看到了他們自己的影子，看到了生活中的奮鬥、心路歷程。

同時我還意識到，我的文字有一個祕密：是「愛」用她的聲音替我寫作，我在替她說話。所以讀者們認出了她的聲音，因為她也存在於每個人心中。我們心中的聲音產生了共鳴，在內心深處，我們都有同樣的精神核心，我們都有愛。當我們發現真理時，心中都充滿了喜悅，彼此心中神聖的光芒相互輝映，相互問好。

接下來，我決定驗證一下「愛」所說的關於給予的那些話是否屬實。我和克雷格有兩次把我們所有的錢都給了別人，一次是給孤兒院，一次是給我們的貸款公司。之後儘管我們一無所有，但我們卻比先前更加快樂了。失去一切後，我們才發現失去的這一切其實並不重要，而真正重要的東西我們是不會失去的。於是我有生以來第一次感到心裡非常踏實，這真不可思議，「愛」說得完全正確。我們真正需要的東西是無法摒棄，也不會被人奪走的。對我們來說，重要的並不是物質，而是永存於心中的愛。

我越是堅信愛所說的話，就越想實現她的期望，變得更加健康、強大而真實。因此我每天都面臨一場戰爭：傾聽愛的話語，把恐懼的聲音消去。當然，雖然我每天選擇聆聽愛的話語，可我卻依然能夠聽到恐懼之聲不停在我耳邊迴響，即使我把它關掉，仍舊會響個不停。現在我既不屬於恐懼，也不屬於愛，而是要在兩者之間做出選擇。不過我覺得只要自己年復一年地選擇愛而拒絕恐懼，那麼我最終就會變成愛的化身。我祈禱著自己能夠和之融於一體，最終從我口中吐出的字字句句都是他的話語。那樣的話，當我投入上帝的臂彎中時，我們的對話就彷彿從來沒有中斷過。當我死去時，上帝會望著我說：「我們剛剛說到哪裡了？親愛的。」

但現在我只感到自己的心在不斷地往上提升，上升，上升。我自由了，痊癒了。

領養之路

多年來，總有人問我為何渴望收養孩子。我試著從各種角度解釋，提供資料，甚至引經據典論證孤兒院的孩子們多麼需要幫助。但說來說去，其實我陳述的都不是真正的理由，而根源埋在我的潛意識裡，無法用語言描述。

後來有一天，我讀了肯．福特寫的《聖殿春秋》。在這本書中，有位名叫湯姆的建築師，想要為上帝修建一座大教堂。為了實現夢想，他花掉了所有存款，給家人帶來巨大災難，他耗盡心血去實現這個無法實現的夢想。二十年後，終於有人來幫他。這個人向他提出了一個簡單卻很難回答的問題：「為什麼你心心念念想要建造這座教堂？」湯姆躊躇了片刻：「因為那會是一座非常美麗的教堂。」當我讀到這句話時，心頭一震。是的，因為那會是一座非常美麗的教堂。這就是多年來這個問題最恰當的答案。格倫儂，你為什麼想要收養孩子？因為那是一件非常美好的事情。

我渴望收養孩子也是基於這種信念：我們屬於彼此，全世界的人們都是一家人，我歡迎上帝的孩子來我家。幫助一位想撫養孩子卻沒有條件撫養的母親去養育她的孩子，是一件非常美好的事情，我十分渴望這麼做。儘管這件事情相當有益，卻很難做到。

多年來，我和克雷格一直想收養孩子。我們一天到晚打電話、上網搜尋聯繫，千方百計想收養一個孩子，無論是哪個國家的都可以。但每當我們就快成功時，可怕的背景調查就會粉碎我們的美夢，一家又一家的福利機構紛紛拒絕了我們的請求，我那些前科累累的酗酒記錄使我們始終無法達成心願。

在這些夜晚，我時常哭著入睡，克雷格總是緊緊抱著我，祈禱上帝能夠幫助我們打開領養的大門，或者帶走我心中的絕望。第二天醒來時，我又會繼續想方設法實現這個心願。在一次面試中，一位社會福利工作者問了我們一些過去的經歷，當我們誠實回答時，立刻感覺到她的聲音變得冷淡而疏遠。面試結束後，我對克雷格說：「我覺得她不會同意我們收養孩子。」克雷格搖頭，他不想再參加任何面試了，他甚至擔心他們會把我們家的孩子都帶走。這段日子裡，我也常常懷疑自己到底有沒有做母親的資格，因為人們總是用一大堆話告訴我們，這些孩子在孤兒院生活比在我們家要強得多。我感覺自己受到了羞辱，這些不愉快的經歷使我的信仰發生了動搖。

之後，八月份時，一家給瓜地馬拉的孤兒辦理收養事宜的福利機構給了我們一線希望。那裡的一位社工告訴我們，他們能夠想辦法從瓜地馬拉的孤兒院給我們找來一個孩子。接著，福利機構的人寄來了孩子們的照片，我立刻愛上了他們。在辦理手續的過程中，我整天都沉浸在白日夢裡，計畫著我們未來的生活。我想她一定是一個小女孩，名叫瑪麗亞。我不知道自己為什麼會想到這個名字，但我覺得這是上帝傳達給我的訊息。那時有一首鄉村歌曲，叫作《我的瑪麗亞》。我常常在開車時高歌，一邊幻想我幫瑪麗亞開歡迎派對，我和克雷格、蔡斯、蒂什、瑪麗亞在親朋好友面前翩翩起舞。

最後，這家福利機構打電話來。克雷格接完電話以後，婉轉告訴我，機構人員考慮再三，認為把孩子交給我們不可靠。瓜地馬拉之門也向我們關閉了。我錯愕地跌坐在地板上，徹底崩潰。我正在啜泣時，蔡斯走了進來。他看了看我，又看了看克雷格：「怎麼了？」克雷格回答說：「她有點難過，親愛的，媽媽心情很不好。」一好幾個月後，我才好不容易振作起來。

耶誕節那天清晨，大家都忙著拆禮物，之後布巴睡著了，妹妹和提莎到廚房裡去吃早餐。我倒在沙發上，祝賀自己又迎來一個耶誕節。克雷格坐到我身邊，靠著我，遞給我他準備在最後才送給我的一樣禮物。我微笑著打開包裝，發現那是一本他手工製作的剪貼簿，正方形的塑膠封面上有一個小女孩的笑臉。她看上去七歲左右，深棕色的眼睛，一頭長長的深咖啡色鬈髮，臉上掛著甜美的笑容。在她的照片下面，克雷格貼了一張字條，上面寫著她的名字：瑪麗亞．蕾妮。

在得知我們無法正式收養瓜地馬拉的孩子後，克雷格為了間接實現我們的夢想，便打電話給那家福利機構，詢問自己是否可以資助那裡的孩子。孤兒院的女士回答說，他們那裡正好有一個非常適合我們資助的小女孩，名叫瑪麗亞。接著她給克雷格寄來了瑪麗亞在孤兒院的照片，然後克雷格製作了一本相片剪貼簿，準備在耶誕節這天早上送給我。

我放聲大哭，淚水模糊了我的視線。布巴被我的哭聲驚醒，大家都驚詫不已，但我不在乎。我腿上放著剪貼簿，身邊坐著我丈夫，那一刻，我有生以來第一次無比強烈地感覺到上帝的存在。我彷彿覺得他在對我說：「我一直在看著你，我一直在和你說話。你想得對，她的確叫瑪麗亞，這就是你的瑪麗亞。」

我激動得說不出話來，轉身離開家人，走進臥室，找出我的日記本，帶回客廳裡，翻開來，一頁一頁地給他們看。我像個害了相思病的十幾歲的小女孩，在每一頁上都塗寫著「瑪麗亞．梅爾頓」。

接下來的一年，我們和瑪麗亞頻繁聯繫，我們更加愛她了。送她禮物，給她寫信，我媽媽把信的內容翻譯成西班牙文。我們告訴她，上帝非常愛她，我們也愛她，還對她說，我們每天晚上都為她和她的朋友們祈禱。在蔡斯的生日派對上，我們請求客人們用捐錢代替送禮物，然後把得到的錢都寄給了瑪麗亞，這樣，這一年她過生日時就可以給自己開個派對了。後來孤兒院告訴我們，這些錢遠夠瑪麗亞把另一家孤兒院的孩子也都邀請過來參加她的派對了，孤兒院的孩子們有生以來第一次玩皮納塔玩具和氣球。

去年我們收到來信，得知瑪麗亞終於被一個美國家庭收養了。瑪麗亞的苦日子過完了。之前福利機構的人員告訴我們，瑪麗亞被收養的機率幾乎為零，但在上帝的庇佑下，一切皆有可能。

幾個月後，我們打算再試一次，蔡斯對此沒有多少信心。當我告訴他我們準備申請收養一個越南孩子時，他對我說：「我不知道怎麼說才好，媽媽，我們在這方面似乎運氣不大好，也許我們應該收養（資助）一條公路。」大概我本該採納他的建議，幾個月後，我們發現越南人也不信任我們。這時我和克雷格一致認為，上帝顯然想讓我們放棄，於是我們便試著說服自己放棄，但就是無法做到。有一天，我們開車出去兜風，聊起這個問題，最終決定另闢蹊徑，找一位社工好好談談，告訴他有沒有任何一個國家的福利機構願意接受我們的請求。我們一定能夠找到願意幫助我們的社工，而且也能使他確信，我們在經濟上有能力撫養這個孩子。說到這裡，心中再次燃起了希望。我又開始幻想蔡斯與蒂什和他們的新姐妹在一起的畫面。

那天到家後，我流覽郵件，發現了一封來自瓜地馬拉福利機構的信，是瑪麗亞曾待過的孤兒院寫給我們的。信是這樣開頭的：「現在我們瓜地馬拉孩子們的家正處於最困難的一段時期。一想到我們只能拒絕收留那些孩子們，讓蹣跚學步的孩子在垃圾堆中流浪，六歲的孩子沿街乞討，十歲的女孩獨自照顧襁褓中的妹妹，我就心碎。」接下來，信中描述了一位名叫瑪麗羅斯的四歲小女孩的悲慘經歷。由於她母親的男朋友強暴過瑪麗羅斯好幾次，所以員警把她送到了孤兒院。她剛到那裡的第一週總是一言不發地啜泣。寫信的這位女士陪伴瑪麗羅斯渡過了許多夜晚，當她輕輕哭泣時，她就緊緊抱住她。之後她又描述了瑪麗羅斯在她這位「臨時母親」的懷抱中漸漸恢復過來。但接著她又寫道，由於缺乏資金，孤兒院每天都不得不拒絕收留像瑪麗羅斯這樣有創傷的孩子。這是一封請求信，如果大家都能捐出一些錢，孤兒院就能繼續運轉了。當我看到對方請求我們捐獻的金額時，我的頭立刻開始嗡嗡作響，正好就是我和克雷格為了領養孩子而存下的金額。

這時大腦中響起了一個聲音：「想想吧，你想要的究竟是什麼呢？你是想幫助孤兒們？還是只想收養一個孩子？這兩者之間是有區別的。」我站在廚房裡，茫然失措，渾身冒汗。那個聲音繼續說：「你一直請求我給你一個機會，現在我給你這個機會了。」

我猶豫再三，最後決定還是不把這封信和我的想法告訴克雷格。這並不是由於我擔心他會覺得我瘋了，而是因為我擔心他知道應該怎麼去做，然後就會按照適當的做法去做。後來我左思右想，還是告訴他了，他讀了那封信，接著陷入沉思。過了一會，他對我說：「你也明白，我們捐錢之後，就沒有錢再收養孩子了。」我說：「是啊，我們只能二選一。」那天晚上，我們很早就睡了，沒有再談這件事。我們心裡都清楚，這對我們來說是一個關鍵的抉擇。

第二天上午，我給克雷格寫了一封電郵，告訴他我無法做出決定，因為我太渴望收養一個孩子了，所以不清楚怎麼做才是正確的，請他做出決定。那天晚上回家後，他以平靜的語氣對我說，他認為我們應該把錢捐給孤兒院。接著他便把我們為收養孩子而存的錢，也就是他們所需費用的三分之二，再加上我們全部的存款都寄給了孤兒院。之後我只有靜靜落淚。

但我通常只能持續二十分鐘的平靜。在這種情況下，別人都會以為我終於決定放棄了，開始關注眼前的事情，但這不是我的風格。

當妹妹在盧安達參與國際正義使命團的工作時，她每週日都在慈善孤兒院陪伴孩子。有時候四個孩子同時圍繞著她，有的摟著她的腿，有的爬到她的背上，有的撫摸她的臉頰，他們都急於獲得愛。妹妹告訴我們，那裡的孩子非常需要有個家。

我和克雷格一致認為，我們等了這麼久，現在終於看見曙光了。我們又忙碌起來，花了六個月申請收養一個盧安達的孩子。我們按照規定一步步辦理手續，從家庭調查到最後的文件，一切都進展得十分順利。在孤兒院工作的一位修女甚至告訴我妹妹，她知道我們即將收養的是一個五個月大的小男孩。我們給他取名叫希爾斯，因為盧安達多山地高原，有「千丘國」之譽，而且我們認為這個名字也意指我們歷盡千辛萬苦才找到他。而我的名字格倫儂是山谷的意思，或指山岡之間休息的地方。我覺得這個小傢伙會和我們一起過上美好的生活，不過生活中並非沒有挑戰，所以我希望在生活的山岡上，我能夠成為他的山谷，一個讓他可以休息的地方。

只等最後一份文件簽好，我們就可以把所有的文件送到盧安達，準備把孩子領回家了。但一天早上，我剛剛醒來，就收到了妹妹發過來的一則簡訊，說盧安達方面沒有事先通知就終止了收養計畫，因為到今天為止沒有把完整的文件送到盧安達的收養家庭便喪失收養資格。我頓時驚慌失措、憤怒不已。我們的寶貝啊！怎麼會這樣？我和克雷格互相看了對方一眼，異口同聲大叫：「天吶！不會吧！」

清晨六點我們就把女兒送到一個朋友家，然後立刻開車到華盛頓特區，找到了盧安達大使館。我們走了進去，做了自我介紹，之後心平氣和地解釋，我們一定要等到最後那份文件簽好才會離開，因為我們不受新的領養規定限制。

接著，我們走進小小的大使館會客室，看到那裡已經坐著三對神色焦急的夫婦了。他們來這裡的原因和我們一樣，也是剛得知消息便立刻從德州坐飛機趕過來，並且也採取了和我們一樣的「靜坐」策略。我們都含著眼淚向對方介紹了自己的情況。我向其中一位叫馬克的先生說：「您好，我叫格倫儂，這是我兒子蔡斯。」蔡斯伸出他的小手，馬克和他握手的時候，淚水忽然湧上了他的眼眶，我感到十分詫異。之後馬克問我，是否可以給蔡斯拍一張照片，傳給他妻子看，雖然我更加驚訝，但還是同意了。馬克傳完照片後，向我解釋，自從他妻子流產而失去了他們即將出生的寶貝兒子蔡斯後，他們便開始收養孩子。當他把蔡斯的照片傳給妻子時，還寫了一行簡訊：「親愛的，問題會解決的，放心吧。我剛剛來到了大使館，蔡斯在這裡。」

這是怎樣的一天吶！

盧安達大使館就像一個巨大的穿衣間，隨著時間一分一秒地流逝，我們大家都感到越來越不舒服，大使館的負責人彬彬有禮地反覆告訴我們，他們也沒有辦法，這是政府的命令，我們應該離開，別再浪費時間。我們的確離開了一會，但立刻又回來了，並且給使館的全體工作人員帶來了午餐，然後客氣地告訴他們，我們不能走，因為那意味著放棄了我們的孩子。我們在那裡一起說笑，一起流淚，共同渡過了十二個小時。眼看辦公室下午五點就要關門，最後時刻即將到來，四點四十五分的時候，我哭了。可五點十五分的時候，一位盧安達女士從樓梯上走了下來，遞給我們每個家庭一份文件。這份文件意味著我們這四個家庭不受新的領養規定限制，不久就可以把我們的孩子接回家了。這位女士對我們說：「你們為孩子們而來，所以我們願意幫助你們。」

我有一個重要的心得：做自己力所能及的事情，全力以赴，也許就會出現奇蹟。

該做的我們都做了，我們一邊等候通知，一邊給孩子佈置新家，並和朋友們一起慶祝。但兩個月後，我們卻收到一封信，信裡說盧安達已經停止辦理一切收養事宜。一切都結束了。希爾斯不會回家了，他最終還是沒有成為我們的家庭成員。

最近蒂什寫了這樣一首詩：

如果天空不是藍色的，你還熱愛宇宙嗎？
我還是會熱愛宇宙的，你呢？

這個問題我需要認真思考一番才能回答。不過我左思右想後，依舊做出了肯定的回答。是的，我會的。我仍然會熱愛這個令我失望的宇宙。

我的希望落空了，沒能成功收養孩子。而且鑒於我的身體健康每況愈下，以後也不會再有希望了。我註定無法達成這個心願了。我沒能成為一名養母，無法在過耶誕節時給我的養子寄出這樣一張卡片，上面寫著：「聖誕節快樂，親愛的，梅爾頓家的寶貝！」

但如果我們期待的奇蹟並沒有發生，那麼我們應該去發現自己生命中其他的奇蹟。它們往往並不顯而易見，不在我們的目光之中，因此，我們必須環顧四周才能看見。

我為了給上帝建造那座小小的聖壇，低著頭忙得大汗淋漓，耗盡了全部的心神，以至於忽視了上帝在我身邊樹立起的大教堂。當我終於抬起頭環視周圍時，才看到陪在自己身邊的朋友和家人。我擁有三個健康的孩子和一位堅強的丈夫。倘若我們成功收養了一個孩子，那麼我的寶貝女兒艾瑪也就不會來到這個世界上了。我注視著自己在申請收養孩子和身體狀況不佳時曾用來傾訴心中痛苦與迷惘的工具，我的部落格，如今有不計其數的人來訪、流覽，從我的心路歷程中獲得啟示。

因此，我就像一隻貓頭鷹，轉動著腦袋，四處張望。我彷彿看到了塔拉和以撒，那天我在大使館碰到的一對夫婦，抱著他們的兒子贊恩，他們成功收養了這個孩子。而後，我又看到了馬克和切爾西，那對失去了他們的孩子蔡斯的夫婦，摟著他們的盧安達孩子加布。接著，我還看到了妹妹的孩子巴布，我每天都抱著他。之後，我又看到了自己即將出版的書，有那麼多人渴望傾聽我說話，傾聽我給他們講述愛與希望的故事。他們並不在意我是否能實現自己的夢想，他們只關心我是否曾懷著一顆誠摯的心去夢想過，並且從未放棄過希望。儘管最後我沒能達成心願，但我的另一個夢想卻成真了。我渴望收養一個孩子，給一個小生命希望，而上帝卻讓我給了成千上萬的人無限的希望。

我們每個人都擁有兩種生活：我們夢想中的生活和我們的現實生活，兩者也許會重合，也許不會。事實上，我們的夢想往往只是通向現實的一條道路。我的夢想是成為一名養母，而現實生活中，我則是三個孩子的親生母親、一位妻子、一個姐姐、一個朋友、一個女兒，我給予讀者們希望，提醒大家抬起頭來，把視線從自己正在建造的沙土城堡上移開，看一看上帝在我們身旁建立起來的大教堂。當我們沉迷於自己的夢想中時，上帝卻正在為我們打造現實。其實存在於現實中的美和存在於夢想中的美一樣多。所以該放手時就放手吧，告訴自己，無論如何，那都是一件非常美好的事情。

*我很高興地告訴你們，我們的確成功收養（資助）了一條公路。我們這條公路會像黃色的磚面路一樣整潔漂亮。

編織絢麗人生

現在我正和上帝一起待在一間安靜的臥室裡，屋子裡只有我們兩個人。我坐在一張四柱大床的床沿上，懸著兩條腿。上帝坐在房間另一邊的搖椅裡，織著東西。上帝居然會織東西，這有點兒不可思議。不過祂也會騎哈雷。但祂可不會一邊織東西，一邊騎哈雷。

我很生上帝的氣，所以就憤怒地瞪著祂，看著祂坐在搖椅裡織東西。

但祂卻不問我為什麼生氣，而我在等祂開口詢問，非常渴望祂問問我。於是我大聲歎氣，大口吸氣，想辦法表現出一副怒不可遏的樣子。

但這無法打破祂內心的平靜，祂依舊全神貫注織著東西，無論我做出什麼舉動，都絲毫不感覺到好奇。

於是我開口說道：「我的病不會好了，是不是？你不會幫助我恢復健康，對嗎？我沒法再要一個孩子了，是不是？還有我的婚姻會怎麼樣呢？會不會也出現問題呢？你會讓我病懨懨地與病魔對抗，是不是？你會這麼做吧？我知道你會的。」

「請你幫助我改變現狀。如果你棄我於不顧，那麼我們之間的情誼就要劃上句號了。我沒有開玩笑，我會放棄自己的努力，不再寫作，也不再和你談話，不再關心別人，也不再微笑。我還要把自己所有的錢都花在昂貴的化妝品和考究的沙發上，把所有的時間都用來看《奧蘭治縣主婦們的真實生活》，不，是《新澤西州主婦們的真實生活》。記住我的話，我是認真的。和你做朋友令我筋疲力盡，你簡直不可理喻，所以我打算和你絕交。倘若你這回不幫助我渡過難關，我就要成為無神論者。是無神論，你聽好了，我說的可是真的。」

上帝仍然在織東西。而後祂笑著停下了手頭的事情，抬起頭來，用溫柔的眼神望著我說：「親愛的，你這麼生氣，我完全理解。我非常愛你。現在你想讓我停下手裡正在做的事情，和你好好談談這些問題嗎？」

我思忖了片刻，看了看他腿上的編織物，然後定睛端詳著已經織好的部份，覺得它簡直太美了，藍色、綠色、桃紅色、金色、銀色，這麼多絢麗的色彩交織在一起，形成了一道道彩色的渦流。而當我又一次凝眸細看時，才發現這圖案正是我的人生。我的人生很美，很精彩。

「不，」我回答，「不要停下來，繼續織吧。」

因為他正在編織的是我的人生，我就是他用雙手塑造出的作品，所以我只想讓他聚精會神地繼續織下去。我依然相信他。

「上帝啊，」我對他說，「我要開始跳舞了，你編織的時候，我就在你身邊翩翩起舞。」

上帝最後一次抬眼看了看我，說道：「這就是我最希望你做的事情，親愛的，你翩翩起舞，而我繼續編織你的人生。一定會非常美麗的，我向你保證。」

致謝

謝謝你們，我的家人和朋友們，感謝你們從頭到尾讀完了我記錄生活點滴的這些隨筆，並一直支持我、鼓勵我。謝謝你們，Monkee See-Monkee Do 的姐妹們，感謝你們幫我建立了另一個大家庭，並和我一同生活在其中。謝謝你們，艾利森、艾曼達、艾米、莉茲，你們是愛的戰士。謝謝你們，特蕾娜．基廷、薩莉．沃弗德－吉蘭德、吉爾．吉勒特，你們懷有堅定的信念，並千方百計地努力使別人成為擁有信仰的人。謝謝你，艾米，感謝你給予我的信心和愛。謝謝你們，斯克里布納的朋友們，特別是勞倫．拉維爾和卡拉．沃森，感謝你們孜孜不倦的努力和給予我的莫大幫助。謝謝你，惠特尼．弗里克，我的編輯、朋友、姐妹。我們成功了！我們實現心願了！

特別感謝你，妹妹。還有，感謝上帝。

人生顧問　0283

媽媽的逆襲：殘酷而又燦爛的苦情主婦奮鬥記

作　　者—格倫儂・道爾・梅爾頓
譯　　者—徐力為
主　　編—李筱婷
執行企劃—曾睦涵
美術設計—張　巖
董 事 長
總 經 理—趙政岷
出 版 者—時報文化出版企業股份有限公司
10803台北市和平西路三段二四〇號三樓
發行專線—（〇二）二三〇六六八四二
讀者服務專線—〇八〇〇二三一七〇五
（〇二）二三〇四七一〇三
讀者服務傳真—（〇二）二三〇四六八五八
郵撥—一九三四四七二四時報文化出版公司
信箱—臺北郵政七九～九九信箱
時報悅讀網—http://www.readingtimes.com.tw
電子郵箱—books@readingtimes.com.tw
法律顧問—理律法律事務所　陳長文律師、李念祖律師
印　　刷—勁達印刷有限公司
初版一刷—二〇一七年十月二十七日
定價—新台幣三六〇元
行政院新聞局局版北市業字第八〇號

時報文化出版公司成立於一九七五年，
並於一九九九年股票上櫃公開發行，於二〇〇八年脫離中時集團非屬旺中，
以「尊重智慧與創意的文化事業」為信念。

國家圖書館出版品預行編目資料

媽媽的逆襲：殘酷而又燦爛的苦情主婦奮鬥記 / 格倫儂・道爾・梅爾頓著；徐力為譯. -- 初版. -- 臺北市：時報文化, 2017.10
320面；14.8×21公分. -- (人生顧問；283)
譯自：Carry on, warrior : Thoughts On Life Unarmed

ISBN 978-957-13-7196-2(平裝)

1.女性傳記

781.052　　106018511

CARRY ON, WARRIOR by Glennon Doyle Melton

Published by arrangement with William Morris Endeavor Entertainment, LLC.
through Andrew Nurnberg Associates International Limited

ISBN 978-957-13-7196-2
Printed in Taiwan